Bernd Harder

Elvis lebt!

W0068228

BERND HARDER

Elvis lebt!

Lexikon
der unterdrückten
Wahrheiten

HERDER

FREIBURG · BASEL · WIEN

© Verlag Herder GmbH, Freiburg im Breisgau 2010
Alle Rechte vorbehalten
www.herder.de

Satz: Dtp-Satzservice Peter Huber, Freiburg
Herstellung: CPI Moravia Books, Pohorelice

Gedruckt auf umweltfreundlichem, chlorfrei gebleichtem Papier
Printed in Czech Republic

ISBN 978-3-451-30196-4

Inhalt

Vorwort

Paris Hilton ist der Antichrist.

Ich muss es wissen, denn diese Verschwörungstheorie[1] habe ich selbst erfunden. Das ist übrigens ganz leicht. Man muss nur irgendwie einen Bedeutungsgehalt in Bedeutungsloses hineinbringen – und kann sich dabei zum Beispiel an folgenden „Bausteinen" orientieren, die eine erfolgreiche Verschwörungstheorie enthalten sollte:

1. Man sucht sich eine bestimmte Gruppe, die sich angeblich verschworen hat, ein geheimes, meist böses Ziel zu verfolgen.
2. Beobachtungen, die man sich nicht gleich erklären kann oder deren offizielle Erklärung man bezweifelt, werden herangezogen, um die Verschwörungstheorie zu begründen.
3. Die vagen Vermutungen werden mit realen Vorgängen untermauert, die im Sinne der Verschwörungstheorie umgedeutet und ausgeschmückt werden.
4. Alle wissenschaftlichen oder politischen Erklärungsversuche für die Beobachtungen der Verschwörungstheoretiker werden konsequent in Zweifel gezogen.
5. Verschiedene Ereignisse und Beobachtungen, die nichts miteinander zu tun haben, werden im Sinne der Verschwörungstheorie miteinander verbunden.
6. Wahres, Halbwahres, aber auch Unwahres wird schließlich zu einem so komplexen Theoriegebäude zusammengefügt, dass es Skeptikern nur noch mithilfe mühevoller Recherche möglich ist, die wahren Zusammenhänge zu erklären und Lügen aufzudecken.
7. Man behauptet, die eigentlichen Motive der Personen und Gruppen, die sich verschworen haben, zu kennen und offenzulegen. Über diese der Phantasie entsprungenen Motive lassen sich verschiedene Teile der Verschwörungslegenden verbinden.

8. Zur Unterstützung der Verschwörungstheorie werden bekannte Persönlichkeiten mit Aussagen zitiert, die das Hirngespinst irgendwie zu untermauern scheinen. Besonders gern wird dabei auf historische Personen zurückgegriffen.
9. Die Gegner werden möglichst bösartig dargestellt, um die Bedeutung der Verschwörungstheorie zu betonen. Je furchtbarer die Mittel der Verschwörer und je weitergehend ihr Ziel, umso wichtiger ist es, zu den Eingeweihten zu gehören. Es werden Schwachstellen der Gegner aufgedeckt, damit der Kampf gegen das Böse nicht hoffnungslos erscheint.
10. Man ruft alle verantwortungsbewussten Menschen dazu auf, sich an der Aufdeckung der dunklen Machenschaften zu beteiligen. Darüber hinaus gibt man häufig Hinweise auf weitere bevorstehende Enthüllungen.[2]

Wieso ausgerechnet Paris Hilton, das stets leicht beschränkt wirkende Society-Girl? Eben! Dieser betörende Glanz der Dummheit ist die beste Tarnung der in Wahrheit überaus erfolgreichen Geschäftsfrau mit einem geschätzten Privatvermögen von annähernd 400 Millionen Dollar.

Und dann dieser seltsame Vorname: „Paris". Die Öffentlichkeit wird mit der Erklärung abgespeist, das „blonde Nichts" (*Die Zeit*) sei im Jahr 1980 im Pariser Hilton-Hotel gezeugt worden. Unsinn! Tatsächlich weist Paris auf die Französische Revolution hin, die bekanntermaßen vom Geheimbund der Illuminaten angezettelt worden ist.[3] Und als deren Top-Agentin Miss Hilton heute agiert. Ihr Vorname hat nämlich genau fünf Buchstaben – die Quersumme der Zahl 23.[4]

Eventuell ist die junge Dame mit jenem einmalig vanilligen Gesichtsausdruck zwischen Gnade und Gleichgültigkeit gar der leibhaftige Antichrist. In der biblischen Offenbarung des Johannes lesen wir über die beginnende Endzeit: „… und die Sterne des Himmels fielen auf die Erde." (Off. 6,13) Nur ein dummer Zufall, dass Paris Hiltons größte Hit-Single „Stars are blind" hieß? Oder dass sie dereinst die Hilton-Hotelkette erben wird, die genau 2817 Häuser weltweit betreibt?[5] Die Quersumme aus 2817 ist 18 und die Zahl 18 kann man aus 6+6+6 bilden – jene Ziffernfolge, die laut Johannesoffenbarung den Antichristen markiert.

Und so weiter, und so fort. Und am Ende erklärt die Verschwörungstheorie unsere zahlreichen Einzelbeobachtungen besser die als die offizielle Lesart.

Das Ganze war natürlich nur ein Jux. Bei der „Paris-Hilton-Verschwörung" ging es darum, zu demonstrieren, dass das übliche Argumentationsmuster von Verschwörungstheoretikern wenig taugt. Eine Methode, mit der man jeden Unfug „beweisen" kann, ist zwangsläufig suspekt.

Und wer jetzt nicht glauben mag, dass es Leute gibt, die ein solch irrwitzig-düsteres Spiel mit Ziffern, Zeichen und gelehrter Scheinfaktizität glauben, der hat noch keine Zusammenkunft von echten Verschwörungstheoretikern miterlebt – wo zum Beispiel Pressefotos von Politikern akribisch analysiert werden. Kostprobe: Angela Merkel zeigt auf einer zufälligen Aufnahme eine Haltung der Hände, bei der einer ihrer dicken Jackenknöpfe in dem Rhombus erscheint, den ihre Finger bilden. Das interpretiert man dann flugs als „Auge Gottes" und Illuminatensymbol.[6]

Aber zurück zu Paris Hilton: Nach einem öffentlichen Vortrag in Berlin bekam ich eine E-Mail, die meinen Ausführungen heftig widersprach. Nicht das blonde It-Girl sei die Illuminati-Agentin – sondern Angelina Jolie. Ich gebe die Begründung im Folgenden leicht gekürzt wieder:

Angelina Jolie ist eine Ikone des liberalen Hollywood und war bis zu einem ganz bestimmten Zeitpunkt durch Drogenexzesse etc. bekannt. Trotz mehrerer Ehen blieb sie kinderlos, erst in ihrer derzeitigen – nichtehelichen, das heißt moralzersetzenden – Verbindung mit dem ebenfalls verdächtigen Brad Pitt wird die Geburt dreier Kinder vermeldet. Außerdem hat Jolie drei Kinder adoptiert, die ausnahmslos nicht europäischer beziehungsweise nordamerikanischer Abstammung sind und auch bewusst nicht im wahren Glauben erzogen werden. Damit untergräbt die prominente Schauspielerin zusätzlich die göttlich bestimmte Grundordnung unserer westlichen Zivilisation.

Angelina Jolies Name, der so viel wie „schöner Engel" bedeutet, kann nur als Hohn oder als geschickte Tarnung betrachtet werden – oder ist es ein Bezug auf den Engel des Lichts (= Luzifer)? Der Name ihres Partners (der ebenfalls meist eher zweifelhafte Charaktere mimt) ist vieldeutig, aber unzweifelhaft negativ konnotiert. Brad ist nahe an „bad" (= böse), und Pitt nimmt entweder Bezug auf den ehemaligen britischen Premierminister William Pitt, einen Hauptwidersacher der amerikanischen Unabhängigkeitsbewegung, oder auf den Begriff „The Pit of Hell", den feurigen Pfuhl der Hölle. Der Name könnte indes auch als leicht abgeänderte Form von „Devil's Brat" interpretiert werden, was „Ausgeburt der Hölle" bedeutet.

Jolie tritt international für „humanitäre Zwecke" ein, die häufig im direkten Widerspruch zur offiziellen US-Politik stehen. Sie bekennt sich zur Promiskuität und zu bisexuellen Neigungen, sie treibt Unzucht mit beiden Geschlechtern und ist auch noch stolz darauf. Sie hat ebenfalls öffentlich erklärt, dass sie geistig nicht völlig normal sei (ganz zu schweigen von den aufsehenerregenden Blutritualen mit ihrem Ex-Ehemann Billy Bob Thornton).[7]

Die Filme „Tomb Raider" (USA, 2001) und „Die Legende von Beowulf" (USA, 2007) zeigen dem Kundigen alles, was nötig ist, um diese Frau zu entlarven. Besonders der Erstgenannte ist ein Meisterstück der Perfidie: Jolie tritt hier in Gestalt der Archäologin Lara Croft als Gegnerin der Illuminaten auf, deren Führungsriege am Ende vernichtet wird. Ebenso vernichtet werden die Mittel, die den „Erleuchteten" die Übernahme der Herrschaft ermöglichen würden.

So wie den Teufel nichts mehr freut als die Behauptung, es gebe ihn nicht oder er verfüge über keine Macht, so erscheint in diesem Hollywoodstreifen die Hautagentin der Illuminaten als deren Feindin, die gegen sie kämpft. Dies schwächt massiv den Glauben an die Macht des Ordens (woran ihm nur gelegen sein kann) und zerstreut zugleich den Verdacht gegen Jolie selbst als in Wahrheit ihr wichtigstes Werkzeug.

Im „Beowulf"-Film zeigt sie jedoch endlich ihr wahres Gesicht. Der Literaturkundige weiß, dass die von Jolie verkörperte Mutter des Ungetüms Grendel im zugrunde liegenden Heldengedicht aus dem Jahr 1000 n. Chr. ein „schreckliches Moorweib" ist, ein „Dämon vom Stamme Kains". Der Film hingegen macht sie zu einer lasziven, nackten und goldenen(!) Frau, die aber einen mit Saugnäpfen besetzten Schwanz (wie ein Krakenarm) besitzt. Sie verführt die Mächtigen und Starken zu fleischlichen Genüssen und stellt ihnen für die Zeugung von Nachwuchs umfassende und vor allem dauerhafte Macht in Aussicht. Der Nachwuchs besteht aus Monstern.

Da dieser Film als komplett computergeneriert (= künstlich) verkauft wird und die Details der altenglischen literarischen Vorlage den wenigsten bekannt sein dürften, bleibt dem Uneingeweihten der Kern dieser Botschaft verborgen. Damit ist er der subtilen Manipulation und dem moralischen Verfall ausgeliefert.

„Die Legende von Beowulf" ist zudem dezidiert antichristlich (wieder im Gegensatz zur literarischen Vorlage), er stellt die Anhänger des wahren Glaubens als zwielichtige Gestalten dar und behauptet, wo das Christentum hinkomme, greife der Massenmord um sich. Dem wird das heidnische Ideal der Selbstbestimmtheit gegenübergestellt.

Dies alles lässt nur einen Schluss zu: Angelina Jolie ist die Speerspitze der illuminatisch-satanischen Weltverschwörung. Der Liebling der Boulevardpresse geht dabei weitaus subtiler vor als Paris Hilton, die vielleicht nur eine Ablenkung von der wahren Gefahr darstellt. Oder es liegt eine Doppelstrategie vor, mit dem „blonden Dummchen" im Vordergrund, das die tumben Massen verführt, während die intelligente dunkle Teufelin sich auf die eigentlich wichtigen Personen konzentriert. Dass sich die beiden offensichtlich aus dem Weg gehen, passt zu diesem Modell der Arbeitsteilung.

Nicht zu vergessen: In dem Film „Der Gute Hirte" (USA,

2006), der im CIA(!!)-Milieu angesiedelt ist (schamlose Verwendung einer biblischen Bezeichnung für Jesus Christus nebenbei), heiratet Angelina Jolie Matt Damon, die zentrale Figur des Dramas. Hier spricht wiederum der Name Bände: Da man im Englischen meist die Umlaute durch den Basisvokal ersetzt, wird natürlich „Dämon" zu „Damon". Dazu passt, das Matt Damon in dem blasphemischen Streifen „Dogma" (USA, 1999) einen gefallenen Engel darstellt, dessen Bestrebungen zur Rückkehr in den Himmel beinahe das Armageddon herbeiführen. In der „Ocean's"-Trilogie (USA, 2001–2007) agierte Damon außerdem gemeinsam mit Brad Pitt ...

Tja, was sagt man dazu? Nur eine weitere Spaß-Verschwörung à la „Bielefeld gibt es nicht"? Oder haben auch solche lustvoll-abstrusen Verknüpfungen ein geheimes Ziel? Nämlich alle ernsthaften Wahrheitssucher lächerlich zu machen und zu diskreditieren? Auch diesen Vorwurf bekam ich nach meinen „Paris Hilton ist der Antichrist"-Vorträgen zu hören. Und zwar vollkommen unironisch gemeint.

Wer weiß? Nichts ist so, wie es scheint. Und die Wahrheit ist irgendwo da draußen.

Oder vielleicht doch in diesem Buch?

Bernd Harder, im Mai 2010

Anmerkungen

[1] http://blog.gwup.net/2008/04/17/verschworung-paris-hilton-die-illuminaten/

[2] Nach Dr. Thomas Grüter: Wie viel Wahrheit enthalten Verschwörungstheorien?, *Skeptiker* Nr. 4/08, zu beziehen über www.skeptiker.de

[3] Siehe hierzu auch Seite 73.

[4] Siehe hierzu auch Seite 84.

[5] http://de.wikipedia.org/wiki/Hilton_Hotels (Stand Oktober 2006)

[6] So beobachtet beim „1. WIR-Kongress" am 27. März 2010 in Essen.

[7] http://www.netzeitung.de/wissenschaft/212307.html

Die Nibiru-Verschwörung

Zugegeben: Die NASA ist gut. Richtig gut. Besser als Freimaurer und Illuminaten zusammen. Irgendwie schafft sie es, dass alle Wissenschaftler das Gleiche sagen. Und gleichzeitig hat die Weltraumbehörde sämtliche privat betriebenen Teleskope auf der ganzen Welt so manipuliert, dass man *ihn* damit nicht sehen kann.

Aber er ist da. Er kommt immer näher. Und bald schon wird keine Zeit mehr sein, die Menschheit zu warnen. Spätestens dann, wenn der Maya-Kalender abrupt endet. Also im Dezember 2012. Denn das Aztekenvolk wusste etwas, das uns heute sorgsam vorenthalten wird: Nibiru ist im Anflug! Jener mysteriöse Planet, der auch für die zehn biblischen Plagen verantwortlich gewesen ist. Und wieder wird der Weltenwanderer Chaos und Zerstörung bringen.

„Warum lügen Sie? Er kommt. Und jeder weiß das!" Seit einiger Zeit wird David Morrison, Senior-Fachkraft am NASA-Institut für Astrobiologie, mit solcherlei E-Mails geschmäht. Morrison betreibt die populäre Webseite „Ask an Astrobiologist"[1] und ist seltsame Fragen nach seltsamen Dingen wie Ufos oder Aliens gewohnt. Als vor zwei, drei Jahren die Zahl der Auskunftssuchenden plötzlich explodierte, glaubte der Forscher noch an einen kurzlebigen Internet-Hoax[2] als Ursache. Doch schnell wurde ihm klar, dass die Leute es ernst meinten. Todernst sogar.

„Ich kann nicht mehr schlafen, ich mache mir wahnsinnige Sorgen – ich will nicht sterben!" war nur eine von zahllosen besorgniserregenden Nachrichten in seinem elektronischen Postfach. Morrison versicherte den Schreibern, dass kein Planet namens Nibiru existiere und schon gar nicht auf die Erde zurase. Vergebens. „Hören Sie endlich auf, die Unwahrheit zu propagieren", forderte eine neuerliche E-Mail-Flut den Mond-Experten auf. „Sie gefährden damit das Leben meiner Familie. Wenn die NASA das so massiv leugnet, dann muss etwas dran sein!"

Irgendwie verständlich. Denn was wissen schon Wissenschaftler?

Auf der Internetseite *zetatalk.com* informieren die „Zetas" die Menschheit über den bevorstehenden Untergang der Erde, ausgelöst durch einen Polsprung. Der passiert, weil Nibiru der Erde nahekommt. Das behauptet zumindest das amerikanische Channel-Medium Nancy Lieder, das sich in telepathischem Kontakt mit den Bewohnern des Planeten Zeta (im Sternensystem Zeta Reticuli) wähnt.

Und nun? Was sollen wir tun?

„Liebe mag vor dem Polsprung aufblühen, wie es sollte", lautet die etwas kryptische Anweisung der Zetas: „Jene mit großer Liebe in ihren Herzen antworten auf die Erkenntnis, dass wenig anderes zählt."[3] Ersatzweise kann man auch eine „Survival Site CD" für $ 4,10 von einer verbandelten Organisation mit dem programmatischen Namen „Troubled Times Inc." erwerben. Oder eine Broschüre für $ 7,50. Oder eine „Broschüre-/CD-Kombination". Gibt's für das Doppelpack wenigstens Rabatt?

Wem das auch nur in den Sinn kommt, hat noch nicht den Ernst der Lage realisiert: „Der Polsprung geht uns *alle* an und *niemand* kann sich ihm entziehen!", grollt der Betreiber der deutschen Zetatalk-Präsenz. „Zetatalk wird bald eine der wichtigsten Websites im deutschsprachigen Internet werden. Es ist nicht einzusehen und es frustriert mich *sehr*, dass ich mich hier *immer noch* alleine abstrample! Bitte zeigt euch erkenntlich!"[4]

Bei den „Raumbrüdern" („Die Idee und die Gestaltung dieser Seite entstammt dem universellen Bewusstsein"[5]) findet sich eine lange Abhandlung über Nibiru. Er soll allerdings kein Planet sein, sondern ein Brauner Zwerg. Einer seiner Monde wird von den Anunnaki bevölkert. Dahinter verbirgt sich eine humanoide Art (Mensch-Reptil-Hybriden) mit unterschiedlicher Anmutung: „Sie sehen uns Erdenmenschen teilweise sehr ähnlich. Haarfarbe: Blond bis Schwarz, auch Rot. Größe der Männer: zwei bis 2,20 Meter, Frauen 1,80 bis 2,20 Meter. Sie kommen aus dem Aldebaran-System im Sternbild Stier. Ihre Nachfahren sind in den Plejaden gesiedelt."[6]

Möglicherweise wollen die Anunnaki uns versklaven. Und lediglich einen winzigen Teil der Erdbevölkerung in die achte, neunte oder irgendeine andere Huschi-Fuschi-Dimension aufsteigen lassen. Vermutlich nur diejenigen, welche die „Survival Site Broschüre-/CD-Kombination" erworben haben. Ohne Ermäßigung.

Völlig klar, dass solcherlei Enthüllungen ein unvorstellbarer Schock für die Menschheit wären. Und deshalb geheim gehalten werden müssen. Aus diesem Grund hören wir von Fachleuten denn auch bloß das übliche Gerede dazu.

Wie zum Beispiel: Um die Erdbahn bedrohlich zu stören oder gar durch seine Gravitationskraft auf der Erde Naturkatastrophen auszulösen, müsste Nibiru unserem Blauen Planeten außerordentlich nahekommen. Die Existenz eines solchen Gestirns in unserem Sonnensystem widerspricht aber allen Gesetzen der Himmelsmechanik. Wieso?

Wenn es sich bei Nibiru um einen massereichen Planeten handelt, hätte er verhindert, dass die übrigen Planeten sich auf stabilen, kreisförmigen Bahnen um die Sonne bewegen. Auch die Flugbahn von Raumsonden würde nicht mit der vorausberechneten übereinstimmen.

Als Kleinplanet wiederum wäre Nibiru so schwach an das Sonnensystem gebunden, dass er irgendwann herausgeschleudert worden wäre – zumindest aber nicht über Milliarden Jahre eine stabile Bahn hätte bewahren können.

Außerdem: Sofern Nibiru im Jahr 2012 die Erde fast touchieren sollte, müsste er sich mittlerweile längst in Bereichen aufhalten, wo er beobachtet werden kann. Und zwar nicht nur von der NASA, sondern auch von Hunderttausenden Amateurastronomen, die den Nachthimmel absuchen und eine beeindruckende Bilanz der Entdeckung von Kometen und Novas und von allem, was sich da oben verändert, aufweisen. Und die zudem keiner Organisation angehören, nichts mit Geheimdiensten, Militär, ESA, NASA oder sonst wem zu tun haben. Zitat eines lieber ungenannt Bleibenden: „Wenn da irgendein Astronom etwas beobachtet, dann erfahren davon zuerst mal ein Haufen anderer Astronomen überall auf der Welt. Und nicht die Regierung. Da kann niemand was unterdrücken."

Wirklich nicht?

Womöglich nennen die Wissenden den Fall ja einfach nur anders. Nicht „Nibiru", sondern mit typisch verschwörerischem Impetus „Planet X". Oder wie sonst kommt es, dass auch anerkanntermaßen seriöse Nachrichtenmedien – wenn es so etwas überhaupt noch gibt – immer mal wieder scheinbar beiläufig einen geheimnisvollen „Planeten X" erwähnen?[7]

Glücklicherweise ist auch diese dreiste Verschleierung entlarvt worden. Etwa von der „Gruppe Roter Vollmond": „Bereits 1983 berichtete die NASA in der *Washington Post* über eine Sichtung von Planet X, danach war Schweigen angesagt."[8]

Oder: „Die moderne Bezeichnung für Nibiru ist Planet X. Er wurde 1983 vom IRAS-Team entdeckt und wird seitdem von der NASA totgeschwiegen beziehungsweise geheim gehalten, um auf der Erde eine Massenpanik zu vermeiden."[9]

Letzteres erscheint durchaus verständlich, denn wenn tatsächlich ein Todesstern-ähnlicher Planet unser Sonnensystem kreuzt, dann dürften Probleme wie Finanzkrise und Klimawandel bald sekundär sein. „Dann wird es nur noch um das nackte Überleben der Menschheit gehen. Klar, dass die Weltraum-Organisationen höhere Order haben und nur ihre eigenen Felle beziehungsweise die der Eliten ins Trockene bringen wollen … Das Beispiel des Unterwasserhotels Hydropolis in Dubai ist vor diesem Hintergrund jedenfalls eine völlig neue (Über-)Lebensperspektive für so manchen Hotelgast."[10]

Eigentlich unvorstellbar, dass Experten auch solche Enthüllungen mit gewohnt bornierter Gereiztheit kontern: „Nibiru wird nur als Goldesel beziehungsweise Ich-mach-mich-Wichtig verwendet!" Das ist hart. Aber was, bitteschön, hat es dann mit mysteriösen Chiffren wie „IRAS" oder „Planet X" auf sich?

Angeblich dieses: Mit „Planet X" werde in der Wissenschaft ein unbekannter Planet bezeichnet. Diesen Ausdruck gebe es seit dem 18. Jahrhundert, als man feststellte, dass anscheinend ein unbekannter Planet die Bahn des Uranus beeinflusst. Dieser Planet wurde dann im 19. Jahrhundert tatsächlich entdeckt: Es handelte sich um Neptun. Seitdem werde diese Bezeichnung allgemein für eventuell vorhandene, aber noch nicht entdeckte Planeten verwendet. Aha.

Das IRAS wiederum sei ein Satelliten-Weltraumteleskop gewesen, das nach Infrarotquellen im All fahndete und dabei jede Menge neuer Objekte entdeckte.

„Nicht alle diese Infrarotquellen konnten gleich identifiziert werden", behauptet Dr. Florian Freistetter vom führenden deutschen Wissenschaftsblog Astrodictictum Simplex.[11] Eben das war auch das Thema eines Artikels, der 1984 im *Astrophysical Journal* erschien: „Unidentified point sources in the IRAS minisurvey". Eine der wilderen Spekulationen über die Natur dieser unidentifizierten Infrarotquellen habe dann ihren Weg in die Medien gefunden – und sei schließlich auch in den berüchtigten *Washington Post*-Artikel eingeflossen, der von Verschwörungstheoretikern immer wieder zitiert wird:

„The most fascinating explanation of this mystery body, which is so cold it casts no light and has never been seen by optical telescopes on Earth or in space, is that it is a giant gaseous planet as large as Jupiter and as close to Earth as 50 trillion miles."

Nachfolgebeobachtungen hätten allerdings gezeigt, dass es sich bei den okkulten Infrarotquellen um weit entfernte Galaxien handelte. IRAS habe – „leider" – keine neuen Planeten entdeckt. Übrigens kenne die Literaturdatenbank ADS (Astrophysical Data System) fast 120 wissenschaftliche Artikel, in denen „Planet X" schon im Titel vorkommt. Allerdings werde in der Astronomie mit „Planet X" nicht der weltzerstörende Nibiru bezeichnet. „Nibiru" ist und bleibt somit lediglich der Name einer sumerisch-babylonischen Gottheit. Erst der amerikanische Prä-Astronautik-Autor Zecharia Sitchins hat daraus einen geheimnisumwobenen Himmelskörper gemacht. Und diesen in den Mittelpunkt eines sonderbaren Szenarios von lange zurückliegenden außerirdischen Aktivitäten im Zweistromland gestellt.

Erde, Mond und die Objekte des Asteroidengürtels zwischen Jupiter und Mars sind demnach die Überreste eines Wasserplaneten namens Tiamat, der durch mehrere Kollisionen mit Nibiru vollständig zerstört wurde. Nibiru ist die Heimat einer fortgeschrittenen außerirdischen Rasse, den Nephilim der Bibel (Genesis 6, 4–5). Vor etwa 450 000 Jahren sind die Nephilim auf der Erde gelandet, um dort nach Gold und anderen Edelmetallen zu suchen. Mittels genetischer Experimente erschufen sie nebenbei den Menschen, da sie Sklaven für die Arbeit in ihren Minen benötigten.

Zu den wichtigsten Eckdaten des Planeten Nibiru gehört eine Umlaufzeit um die Sonne von etwa 3600 Jahren und eine extrem elliptische Bahn. Und 2012 wird Nibiru uns wieder einmal zu schaffen machen. So jedenfalls steht es in Sitchins Büchern zu lesen, beginnend 1976 mit „Der zwölfte Planet".

Triviale Science-Fiction? Vielleicht – wenn es da nicht jede Menge Beweisfotos und Filme vom herannahenden Nibiru gäbe, beispielsweise beim Online-Portal *youtube*. Oder sollten das alles ganz normale atmosphärische Effekte, Sonnenreflexionen und Kamera-Artefakte sein? Und die merkwürdigen blinden Flecken bei google.sky[12] und dem World Wide Telescope[13]? – Zensur? Oder bloß fehler- beziehungsweise mangelhafte Daten, die man leicht bei professionellen Astro-Datenbanken wie „Aladin"[14] überprüfen kann?

Wenn ja – dann hat Nibiru anscheinend hat eine Tarnvorrichtung aktiviert und will gar nicht entdeckt werden.

Wenn nein – dann hat die NASA-Weltverschwörung jeden einzelnen Menschen, der weiß, wie man ein Aldi-Teleskop bedient, fest im Griff.

Aber es gibt Hoffnung. Man hört munkeln, dass die Beton-Mafia sich gegen die globale Unterdrückung der Wahrheit auflehnt. Natürlich nicht aus Altruismus. Sondern damit sie massenhaft Schutzbunker vertickern kann.

Anmerkungen

[1] http://astrobiology.nasa.gov/ask-an-astrobiologist/
[2] Zu Deutsch: „Jux", „Ente", „Verarsche"
[3] http://zetatalk.com/german/zetahome.htm
[4] Hervorhebung originalgetreu von
http://zetatalk.com/german/zetahome.htm
[5] http://www.raumbrueder.de/#Impressum
[6] http://www.raumbrueder.de/nibiru.htm
[7] Z. B. www.welt.de/wissenschaft/weltraum/article2170294/
Unbekannter_Kleinplanet_im_Sonnensystem.html
[8] http://www.wer-kennt-wen.de/club/xgd5u7l0
[9] Leserkommentar bei www.scienceblogs.de/astrodicticum-simplex/
2009/06/nasa-und-nibiru.php
[10] Zit. nach http://planetx.blog.de/2009/11/18/planet-x-7405491/
[11] www.scienceblogs.de/astrodicticum-simplex/2009/10/die-2012faq-
fragen-und-antworten-zum-weltuntergang.php
[12] http://www.google.com/intl/de/sky/
[13] http://www.worldwidetelescope.org/Home.aspx
[14] http://www.astro.rub.de/hlist/links/aladin.html

Die LHC-Verschwörung

Ob Anunnaki oder Nephilim – wie gelangen etwaige außerirdische Aggressoren eigentlich unbeschadet durch den Van-Allen-Gürtel? Das ist ein tödlicher Strahlenschutzschild in großer Höhe um den Äquator, bestehend aus energiereichen geladenen Teilchen wie Protonen und Elektronen, die im Erdmagnetfeld gefangen sind.

Kein Problem. Denn die Dunkelmächte aus dem All haben Verbündete. Und die sitzen im europäischen Kernforschungszentrum, dem CERN[1] bei Genf. Also genau da, wo auch Dan Browns „Illuminati" seinen unheilvollen Anfang nimmt. In dem Verschwörungsthriller beschreibt der Schriftsteller die Herstellung großer Mengen von alles vernichtender Antimaterie im großen Hadronenbeschleuniger (LHC[2]). Dieses Gerät gab es im Jahr 2000, beim Erscheinen des Buches, noch gar nicht. Mittlerweile aber ist der LHC in Betrieb. Und was nicht einmal Dan Brown sich auszudenken gewagt hätte: Damit soll ein Loch in den Van-Allen-Gürtel rund um die Erde geschossen werden. Dann nämlich können die Nephilim auf der Erde landen.

Das erfahren wir aus einem eigenartigen Video bei der Internetplattform youtube.[3] Demzufolge ist der Hadronenbeschleuniger nichts weniger als „Satans Stargate to Earth". Denn die Nephilim – laut Berichten in den apokryphen Schriften des frühen Christentums von außerordentlicher Boshaftigkeit[4] – bereiten alles für die Ankunft Satans vor. Und das CERN ist tatsächlich von den Illuminaten infiltriert. In echt.

Nun mag man einwenden, dass der besagte Youtube-Aktivist mit dem Pseudonym „gorilla199" ein berüchtigter Crackpot[5] mit unstillbarem Mitteilungsbedürfnis ist. Allerdings ist er bei weitem nicht der Einzige, der hinter den Mauern des CERN sinistre Machenschaften von weltbedrohlichem Ausmaß vermutet.

Als der große Hadronen-Beschleuniger[6] am 10. September 2008 in Betrieb ging, jubelten die Wissenschaftler. Doch viele andere bekamen es mit der Angst. Die Maschine soll zwar keine Antimaterie produzieren – dafür aber Protonen so schnell wie noch niemals zuvor beschleunigen und zur Kollision bringen. Warum? Hochenergetische Teilchen, die mit einem Hindernis zusammenstoßen, setzen ihre gesamte Energie frei, wodurch seltsame Teilchen wie etwa Positronen oder Myonen entstehen. Tausende Techniker und Forscher arbeiteten jahrelang am Projekt LHC, mehr als zwei Milliarden Euro hat der Bau des 27 Kilometer langen Ringtunnels einhundert Meter unter der Erde gekostet, durch den Protonen mit 99,9999991 Prozent der Lichtgeschwindigkeit rasen sollen. Möglicherweise geht bei diesen Experimenten auch das Higgs-Boson ins Netz, jenes mysteriöse „Gottesteilchen", von dem Physiker denken, es würde erklären, warum Materie Masse besitzt.

Möglicherweise ist jedoch einem anderen berühmten Physiker gar nicht so sehr an spektakulären neuen Erkenntnissen gelegen – sondern an Vergeltung. Stephen Hawking nämlich. Genie im Rollstuhl. Gefangener Geist.

Im Forum der Webseite „LHC-Kritik"[7] erkundigt sich jemand besorgt nach Hawkings Rolle bei dem Vorstoß in noch unerforschte Tiefen des Mikrokosmos: „Was hat er damit zu tun? Eben hat mir jemand gemailt, es geht ein heftiges Gerücht um, er will sich mit dem LHC an der Menschheit rächen, weil er zu wenige Bücher verkauft. Ist da was dran?"

Nun, sollte etwas dran sein, dann sähen wir uns mit einem Plan von diabolischer Brillanz konfrontiert. Wir stünden vor der totalen Auslöschung des Lebens. Durch einen Weltuntergang, wie ihn sich nur ein Mad Scientist im XXL-Format ausdenken kann: Ein schwarzes Loch frisst die Erde!

Die Inspiration dahinter: Schwarze Löcher gibt es nicht nur in Science-Fiction-Filmen und entlegenen Galaxien, sondern sie könnten auch bei den Experimenten am CERN entstehen. Das ist zumindest theoretisch denkbar. Die gängige Standardtheorie der Physik sagt zwar, es sei unmöglich, dass im LHC ein schwarzes Loch entsteht. Aber es gibt neue, exotischere Theorien, die man nicht ignorieren darf. Diese besagen, dass es nicht nur die vier Dimensionen von Raum und Zeit gebe, sondern mehr.

„Wir können das im Alltag nicht wahrnehmen, weil die höheren Dimensionen sehr klein sind", erklärt der niederländische Physiker und Nobelpreisträger Gerard 't Hooft. „Aber für die Teilchen im Beschleuniger könnten sie dennoch Realität sein. In diesen Dimensionen funktioniert das Schwerkraftgesetz anders und es könnten winzige schwarze Löcher entstehen."[8]

Ob es wirklich möglich ist, schwarze Löcher künstlich zu erzeugen, muss sich erst noch herausstellen. Und selbst wenn, halten Experten wie 't Hooft schwarze Mini-Löcher für harmlos, weil sie Strahlung abgeben und im Bruchteil einer Sekunde wieder verdampfen, also keine Zeit haben zu wachsen. Übrigens nennt man dieses – noch nicht nachgewiesene – Phänomen „Hawking-Strahlung". Benannt nach … Genau!

Aber was, wenn Stephen Hawking die Idee mit der „Hawking-Strahlung" ganz einfach frei erfunden hat? Als Valium, um alle Beteiligten über das tatsächliche Gefahrenpotenzial des LHC im Unklaren zu lassen? Was, wenn ein derartiges Gebilde wider Erwarten stabil bleibt? Dann würde das winzige schwarze Loch beginnen, Materie aus seiner Umgebung anzuziehen, und damit ständig größer werden. Und irgendwann würde die gesamte Erde darin verschwinden.

Üblicherweise wiegeln amtliche Stellen ab. Selbst wenn das Schicksal unseres Planeten auf dem Spiel steht.

Nicht einmal das Bundesverfassungsgericht erhörte eine in Zürich lebende deutsche Klägerin. Deutschland müsse einschreiten, hatte sie argumentiert, jedenfalls so lange, wie die Warnung, die Erde könne zerstört werden, nicht empirisch widerlegt sei.[9] Vergebens. In Karlsruhe holte sich die Frau eine fette Abfuhr.

„Ein schlüssiger Vortrag der Beschwerdeführerin, der von ihr befürchtete Schaden werde eintreten, fehlt", salbaderten die obersten Richter im schönsten Amtsdeutsch. Und weiter: „Für die Darlegung der Möglichkeit eines solchen Schadenseintritts genügt es insbesondere nicht, Warnungen auf ein generelles Misstrauen gegenüber physikalischen Gesetzen, also gegenüber theoretischen Aussagen der modernen Naturwissenschaft zu stützen ... Ein solches Vorgehen hinzunehmen hieße, Strategien zu ermöglichen, beliebige Forschungsanliegen durch entsprechend projektspezifische Warnungen zu Fall zu bringen."

Und der Oberhammer: „Die Größe eines vermeintlichen Schadens – hier die Vernichtung der Erde – erlaubt keinen Verzicht auf die Darlegung, dass ein wenigstens hypothetisch denkbarer Zusammenhang zwischen der Versuchsreihe und dem Schadensereignis besteht."[10]

Aha. „Und wenn die Klägerin doch recht haben sollte?", fragte die *FAZ* darob bange. „Dann ist wohl das Jüngste Gericht zuständig."

Der Allmächtige sei uns gnädig. Umso mehr, da die ersten Tests am CERN schon nach neun Tagen wieder eingestellt wurden. Offizielle Begründung: Technische Probleme hätten zur Beschädigung des Kühlsystems der Anlage geführt.

Mag sein. Ein neues Auto kann schließlich auch jede Menge Fehlfunktionen haben. Erst vierzehn Monate später, am 20. November 2009, wurde das komplexeste Hightech-Gerät der Geschichte wieder in Betrieb genommen. Am 23. November fanden darin die ersten Proton-Proton-Kollisionen statt. Am 23. März 2010 titelte die Presse: „Teilchenbeschleuniger dreht ordentlich auf."[11] Seine volle Leistungsfähigkeit soll die Urknall-Maschine Ende 2012 erreicht haben. Ausgerechnet. Noch ein Grund mehr, den Weltuntergang als mögliche Realität zu denken – Nibiru hin oder her.

Doch bis dahin legt der LHC immer mal wieder längere Pausen ein. Denn bevor man mit noch höheren Energie-Kollisionen beginnen könne, müssten die Verbindungen zwischen den Magneten des Großgeräts nachgebessert und verstärkt werden. Ein „Standardvorgang", versuchen Wissenschaftler uns weiszumachen.[12]

Wirklich? Oder wird der wahre Grund für die neuerlichen Stopps gar nicht preisgegeben? Wahrheitssucher halten es jedenfalls für möglich, dass „inzwischen in aller Stille die Grenze des Beherrschbaren bereits überschritten wurde. Möglichkeit Nummer eins", so heißt es in einem Astrologie-Blog unter der sinnigen Headline „Des Pudels CERN". Der Autor fährt fort: „Möglichkeit Nummer zwei: Der Kosmos selbst fängt an, sich gegen seinen Missbrauch zu stemmen: Wir hätten dann eine Chance!"[13]

Die hätten wir auch bitter nötig – wenn das stimmen sollte, was ein vorgeblicher CERN-Insider in einem anderen Weblog ausplauderte: „Ich habe am Bau des Projektes LHC teilgenommen: Es handelt sich dabei um einen Teilchenbeschleuniger zum Studium der Materie und der Antimaterie, was erlauben sollte, gewisse Theorien betreffend der Teilchenphysik zu entkräften.

Wir haben den LHC im Jahr 2008 in Betrieb gesetzt, und die Resultate gingen weit über unsere Erwartungen hinaus … Als Folge unserer Entdeckungen mischten sich einige ultrageheime Organisationen ein, die sich den LHC praktisch unter den Nagel rissen, um ihn für verbotene Manipulationen zu missbrauchen. Unsere Forschungsprojekte wurden annulliert und uns der Zugang zum LHC verboten. Während wir versuchten, diese plötzliche Veränderung zu verstehen, haben wir, ohne uns darüber bewusst zu sein, die Hand auf ein schwerwiegendes Staatsgeheimnis gelegt …

Diese Geheimorganisationen haben den LHC für andere Experimente verwendet. Es ist ihnen offenbar gelungen, eine Masse so weit auszudehnen, bis sie ein superkleines schwarzes Loch erhielten und sie damit eine Beugung der Raumzeit bewirken konnten. Und da haben sie die Zukunft erblickt!

Sie haben gesehen, dass der Mensch neue, ultrakomplexe

Sinne erlangt hat. Das Ausmaß dieser neuen Sinne und ihr plötzliches Auftreten haben bewirkt, dass die Behörden jede Kontrolle verloren. Sie haben neue Menschen gesehen, die sich und ihre neuen Fähigkeiten erforschten und ausprobierten, die aber das Ausmaß ihrer Macht nicht beherrschen konnten.

Sie haben gesehen, wie die Welt sich auf eine Paranoia zubewegte. Sie haben gesehen, wie sich auf den Straßen eine kollektive Hysterie entwickelte, wie jedermann plötzlich unkontrollierbar wurde. Sie haben gesehen, wie die Welt in einen Krieg stürzte, in einen ultramodernen Krieg, der eine große Zerstörung brachte. 90 Prozent der Erdoberfläche würden so unbenutzbar ... Das haben sie mit Hilfe des LHC gesehen."[14]

Starker Tobak. Kein Wunder, dass auch kleinere Forschungsanlagen ins Fadenkreuz der Konspirologen geraten. Etwa das DESY in Hamburg. Seit fünfzig Jahren erforschen Wissenschaftler am Deutschen Elektronen-Synchrotron, was die Welt im Innersten zusammenhält. Auch dort wird ein europäisches Großprojekt vorangetrieben, der „Freie-Elektronen-Röntgenlaser" (XFEL), der hochintensive, ultrakurze Laserlichtblitze im Röntgenbereich erzeugt.

Ist das toll? Oder aber eine schreckliche „Geheimwissenschaft mit Hang zum Okkultismus"? Verbirgt sich hinter dem XFEL eine „Nuklearwaffe", die mit tödlicher Strahlung „Gewinne" macht, und zwar „auf Kosten der Gesundheit" von Hamburg und Umgebung? So stand es auf einem anonymen Flugblatt zu lesen, das beim Tag der offenen Tür am DESY Ende 2009 plötzlich kursierte.

Mein Feind, der Forscher? Noch vor fünfzig Jahren war das Bild, das die breite Öffentlichkeit mit Physik assoziierte, Albert Einstein vor einer Tafel. Heute sind es winzige Menschen vor beängstigend gigantischen Apparaten, und genau solche Bilder findet man zum Beispiel auch auf der Homepage des CERN. Entzieht sich die moderne naturwissenschaftliche Zivilisation mehr und mehr dem einfachen Hausverstand und lässt uns in einem trostlosen, kalten Kosmos zurück? Oder sind die Verschwörungsmythen um LHC, XFEL und Co. bloß technisierte Formen gepflegten Dachschadens?

Die Angst vor einem weltenverschlingenden schwarzen Loch ist wenig mehr als die Angst vor einer extrem unwahrscheinlichen Möglichkeit, die nach dem Eintreten einer extrem unwahrscheinlichen Möglichkeit folgen müsste, sagen die Abwiegler. Und wundern sich zum Beispiel über Folgendes: „Wir vertrauen den Wissenschaftlern ein kleines bisschen, nämlich insofern, dass es Schwarze Löcher gibt und dass sie bei Teilchenkollisionen mit genügend Energie entstehen können – misstrauen ihnen aber dennoch im Großen und Ganzen."[15] Und vor allem dann, wenn sie fundierte Analysen zum Gefährdungspotenzial des großen Hadronenbeschleunigers vorlegten.

Denn am CERN passiere nichts fundamental Neues. In der Erdatmosphäre gibt es dauernd Teilchen-Zusammenstöße, und das mit weitaus höherer Energie. Da schlägt hochenergetische kosmische Strahlung auf relativ stillstehende Luftmoleküle ein, etwa 100 000 Mal in jeder Sekunde. Und wenn das LHC ein schwarzes Loch erzeugen könnte, dann könnte das kosmische Strahlung ganz sicher und es würde ständig schwarze Löcher regnen.

Aber die Welt ist immer noch da. Und ganz sicher könne der LHC nicht jene superschweren schwarzen Löcher freisetzen, die es im Weltall gibt. Diese entstehen nämlich, wenn schwere Sterne am Ende ihres Daseins implodieren.

Oder anders gesagt: Solange es um schnellere Computer und verbrauchsärmere Autos geht, um das neueste Handy oder den 3-D-Ultraschall fürs Baby, da findet man Wissenschaft ganz prima. Aber wenn sie sich nicht auf die Seite der eigenen Phantasie schlagen will, ist man ihr böse.[16]

Und so sah sich der CERN-Physiker Brian Cox nach Todesdrohungen gegen sich und seine Kollegen zu einer ernsten persönlichen Stellungnahme veranlasst:

„Ich weiß, dass die Teilchenphysik schwer zu verstehen ist – aber irgendwann kommt der Punkt, an dem man überlegen sollte, die Ansichten von Experten zu akzeptieren.

Ich würde dafür folgendes Beispiel bringen: Wenn es um das Design von Flugzeugflügeln geht, dann überlasse ich diese Entscheidungen lieber einem Experten der Aerodynamik, anstatt ihm meine eigenen Vorschläge über die Form der Flügel anzubieten.

Es ist wirklich so, dass auch Teilchenphysiker empfindsame und vernünftige menschliche Wesen sind, die wissenschaftlich arbeiten, weil sie daran glauben, dass die Erforschung der subatomaren Welt gut für unsere Zivilisation ist. Hätte einer von ihnen – mich eingeschlossen – irgendwelche Zweifel an der Sicherheit dessen, was wir tun, dann würden wir das Experiment sofort stoppen!

Für mich und alle meine Kollegen sind unsere persönliche Sicherheit und die Sicherheit unserer Familien viel wichtiger als die Suche nach dem Higgs-Teilchen. Würde das Risiko auch nur eins zu einer Milliarde betragen, dann würde ich selbst für einen Stopp des Experiments kämpfen."[17]

Sich vor einem schwarzen Loch durch den LHC zu fürchten sei also ungefähr so, als würde man sich unter dem Begriff „katzenartiges Raubtier" gleich einen leibhaftigen, reißenden Säbelzahntiger vorstellen – und dann im Höchstfall ein schwaches neugeborenes und nur für wenige Stunden lebensfähiges Hauskätzchen präsentiert bekommen.[18] Selbiges gelte auch für „Miniquasare" – das neueste Schreckgespenst der CERN-Konspirologen.[19]

Im April 2010 reichte ein Chemiker von der Uni Tübingen namens Otto Rössler bei seiner örtlichen Polizeibehörde eine Strafanzeige gegen den Betreiber des LHC ein, wegen „Vorbereitung und Durchführung eines Anschlags auf das Leben der Bürger der Schweiz, Europas und der Welt". Er, Rössler, habe nämlich „wissenschaftliche Beweise" dafür, dass „am CERN bei Genf ein Apparat in Betrieb ist, der mit einer hohen (zirka 8-prozentigen) Wahrscheinlichkeit einen die Erde in wenigen Jahren vernichtenden sogenannten Miniquasar produzieren wird bzw. möglicherweise schon produziert hat".

Nun ist ein Quasar nichts anderes als der Kern einer aktiven Galaxie. Was ein „Miniquasar" sein soll, weiß niemand so recht. Vermutlich ist einfach wieder das gute alte fiese schwarze Loch gemeint (so was steckt ja auch im Zentrum eines echten Quasars).[20]

Kurios an dieser anhaltenden Verschwörungsdebatte ist indes noch etwas ganz anderes. Alle diejenigen, die fleißig das Internet nutzen, um Konspirationsmythen über das CERN und seine bizarren und nutzlosen Experimente zu verbreiten, sollten vielleicht eines wissen: Das World Wide Web ist genau dort erfunden worden.

Anmerkungen

[1] Conseil Européen pour la Recherche Nucléaire

[2] Large Hadron Collider

[3] http://www.youtube.com/watch?v=Lt1Yo610lG0

[4] http://de.wikipedia.org/wiki/Nephilim

[5] Eine Person mit exzentrischen Ansichten, die dem Stand der Wissenschaft grundlegend widersprechen.

[6] Hadronen = Elementarteilchen mit starker Wechselwirkung

[7] http://lhc-concern.info/

[8] Riskieren Physiker den Weltuntergang? *Süddeutsche Zeitung* vom 1. April 2008

[9] Schwarzes Loch, ganz klein, *Frankfurter Allgemeine Zeitung* vom 9. März 2010

[10] www.bundesverfassungsgericht.de/pressemitteilungen/bvg10-014.html

[11] www.welt.de/wissenschaft/article6896881/Teilchenbeschleuniger-dreht-ordentlich-auf.html

[12] www.scienceblogs.de/astrodicticum-simplex/2010/03/warum-der-lhc-2011-abgeschaltet-wird.php

[13] http://markustermin.wordpress.com/2010/03/11/des-pudels-cern/

[14] http://cenobite1988.blog.de/2009/12/23/bericht-internen-kreis-cern-7628981/comment_ID/11872408/comment_level/1/#c11872408

[15] Zit. nach www.scienceblogs.de/planeten/2008/03/weltuntergang-durch-schwarzers-loch.php

[16] Leserkommentar bei www.scienceblogs.de/astrodicticum-simplex/2009/08/ufos-schwindel-vertuschung-und-geheimhaltung.php

[17] http://www.telegraph.co.uk/science/science-news/3351119/Scientists-get-death-threats-over-Large-Hadron-Collider.html

[18] Zit. nach www.scienceblogs.de/planeten/2008/03/weltuntergang-durch-schwarzers-loch.php

[19] http://www.stopcern.com/blog1.php/2010/04/20/otto-roessler-am-19-april-2010-bei-der-p

[20] Zit. nach www.scienceblogs.de/astrodicticum-simplex/2010/04/lhc-jetzt-kommt-der-miniquasar-und-auch-der-ist-nicht-gefahrlich.php

Die Schiri-Verschwörung

Wenn es um die schönste Nebensache der Welt geht, waren italienische Medien noch nie besonders zimperlich. Aber nach dem Champions-League-Spiel der Münchner Bayern gegen den AC Florenz im Achtelfinale 2009/2010 fegte ein Sturm durch den Blätterwald.

„Da spielst du das Spiel deines Lebens, und dann kommt dieser Kerl und ruiniert dir den Abend", beschrieb gewohnt melodramatisch *La Gazzetta dello Sport* den Tathergang. Der seriöse *Corriere della Sera* wurde noch deutlicher: „Die Fiorentina wird von einer fetten, norwegischen Pfeife besiegt, die eine Minute vor Schluss Kloses Abseitstor anerkennt." Der skandinavische Schiedsrichter Tom Henning Övrebö habe „Probleme mit Italien", behauptete die Mailänder Zeitung. Immerhin habe er bei der EM 2008 ein reguläres Tor von Luca Toni gegen Rumänien als Abseitstor annulliert.

Der vermeintlich Unparteiische solle seinen Job wechseln, regte Fiorentina-Besitzer Diego Della Valle an (der auch Anteilseigner beim *Corriere* ist). *La Nazione*, die Zeitung aus Florenz, wusste schon genau, wo Övrebö („Sieht aus wie die Comicfigur Hulk") am besten einzusetzen wäre: „Schickt ihn mitsamt seiner Linienrichter aufs Kartoffelfeld."

Was war geschehen? Kurz vor Spielende hatte der eingewechselte Miroslav Klose den 2:1-Siegtreffer für den FC Bayern erzielt. Die Gäste reklamierten umgehend – und zwar zu Recht, nichtsdestotrotz erfolglos. Klose stand klar im Abseits. „Das war Abseits", sagte sogar Bayern-Trainer Louis van Gaal. „An Stelle der Italiener wäre ich auch sauer."

Sauer? So einfach ist das nicht. Sauer kann man sein über einen verschossenen Elfmeter. Oder über eine verstolperte Großchance. Aber ein Abseits, das jeder andere im Stadion und zuhause am Fernseher gesehen hat, nur nicht der Schiedsrichter? Das passiert doch nicht einfach so.

Und schon gar nicht, wenn die Antwort auf die alles entscheidende Frage mit Händen greifbar ist: „Wem nützt es?"

Das ist leicht zu sagen. „Wo es der Wettkampf nicht regelt, gibt es immer noch einen Schiedsrichter", geheimniste *La Nazione*. „Und wo der nicht ausreicht, gibt es den Linienrichter." Will heißen: Den reichen und mächtigen Bayern musste gegen die Außenseiter aus Florenz geholfen werden – um einen Sieg aufrechter Fußball-Proletarier zu verhindern.

Damit wäre die Partie Bayern – Florenz gewissermaßen die Münchner Variante von Irland – Frankreich, jenem skandalösen WM-Qualifikationsspiel vom November 2009, bei dem die Grande Fußballnation sich durch ein offensichtliches Hand-Tor von Thierry Henry nach Südafrika mogelte. Da hatte Irland-Coach Giovanni Trapattoni mehr als fertig.

Eine zweite Theorie köchelte ausgerechnet die in München erscheinende *Süddeutsche Zeitung* auf. Sie besagt, die Fiorentina sei zum Scheitern verdammt, auf dass Italien einen Champions-League-Platz an Deutschland abgebe. Ein klassisches Bauernopfer im Machtkampf der Fußball-Großmächte, die in der UEFA wie im politischen Europa tonangebend sind. Die Drahtzieher Michel Platini und Kalle Rummenigge, so munkelt man in Florenz, hätten ihr Handwerk seinerzeit bei den Machiavellis von Juventus Turin und Inter Mailand gelernt.[1]

Inter Mailand? Verschwörung? Da war doch was.

Richtig: „Das stinkt doch! Sie wollen uns den Meistertitel nicht frühzeitig gewinnen lassen", zürnte Inter-Trainer José Mourinho im Januar 2010, obwohl sein Team gerade 2:0 gegen den Lokalrivalen AC Milan gewonnen hatte. Und doch …

„Heute wurde alles getan, damit wir nicht siegen!", beschwor der Portugiese dunkle Mächte im Hintergrund des Derbys. Im Mittelpunkt des Komplotts: Schiedsrichter Gianluca Rocchi, der gleich zwei Inter-Spieler vom Platz gestellt und Verfolger Milan auch noch einen umstrittenen Elfmeter zugesprochen hatte.

Etwa zur gleichen Zeit vertrat die Madrider Sportzeitung *As* vehement die Ansicht, dass der Präsident des spanischen Fußballverbands, Angel María Villar, gegen Real Madrid sei und den Schiedsrichtern den Auftrag erteilt habe, den Meisterschaftsrivalen FC Barcelona systematisch zu bevorzugen. *As*-Chefredakteur Alfredo Relaño kreierte dafür sogar den Ausdruck „Villarato", übersetzt etwa „Villar-Regime". Real Madrid selbst „hüllt sich dazu in Schweigen, ging aber auch nicht auf Distanz zu der Verschwörungstheorie", berichtete sogar die *Financial Times Deutschland*.[2]

Kaum erst sind die berüchtigten „Men in Black"[3] als ufologische Folklore enttarnt worden, da haben wir es schon wieder mit „Männern in Schwarz" zu tun. Und diesmal agieren sie in aller Öffentlichkeit. Vor den Augen Zehntausender, ja von Millionen Fußballfans rund um den Globus. Aber woher kommen sie? Und wer hat sie instruiert?

Völlig klar: Wer aus einem Ereignis Gewinn zieht, muss es verursacht haben. Anders gesagt: Wenn man weiß, wer der Nutznießer ist, kennt man den Verschwörer. Also, schauen wir mal.

Wie war das beispielsweise mit dem Büchsenwurf vom Bökelberg?

Am 20. Oktober 1971 zeigte Borussia Mönchengladbach sein bestes Europacup-Spiel aller Zeiten: 7:1 stand es nach 90 Minuten gegen Inter Mailand. Doch am Ende zählte das Ergebnis nicht, weil ein gewisser Roberto Boninsegna nach einem Büchsenwurf aus der Gladbacher Fankurve umfiel und sich theatralisch vom Feld tragen ließ. Der vermeintliche Büchsenwerfer wurde noch am Tatort abgeführt. 25 Jahre später beteuerte der Lagerarbeiter aus Bracht (Kreis Viersen) in der *Bild*-Zeitung: „Ich habe nicht geworfen."

Der damalige UEFA-Beobachter Matt Busby erwähnte den Büchsenvorfall seltsamerweise nicht einmal in seinem Spielbericht und formulierte über den Schiedsrichter lediglich lakonisch: „The referee was helped considerably with his linesmen and they were a good team."[4] Das Spiel wurde annulliert, die Wiederholung endet 0:0, Gladbach schied aus.

Derselbe Schiedsrichter, Jef Dorpmans aus den Niederlanden, pfiff 1971 übrigens auch ein Spiel zwischen Ajax Amsterdam und Den Haag. Mitten im Spiel flog wieder eine Büchse. Dorpmans forderte Ajax-Kapitän Johan Cruyff auf, das Ding wegzuräumen. Danach wurde weitergespielt. So kann es auch gehen.

Später sagte Dorpmans: „Ich war damals einer derjenigen, die eine Wiederholung unnötig fanden. Es gab aber eine Menge Italiener damals in den UEFA-Gremien und ohne jetzt suggestiv werden zu wollen: Inter Mailand hatte die richtigen Leute an der besten Stelle."[5]

Seltsam. Mal sind die Verschwörer also für Inter Mailand. Dann wieder gegen den Traditionsverein aus der lombardischen Hauptstadt.

Oder der FC Barcelona: mal Profiteur, mal Opfer.

Zugegeben, die Sache ist lange her. 1961 war es, da unterlag der Hamburger SV im ersten Halbfinalspiel des Europapokals der Landesmeister 1961 nur 0:1 bei den Katalanen. Prompt witterte die spanische Presse Betrug. Man habe ein geheimnisvolles weißes Pulver in der HSV-Kabine entdeckt, schrieben die Blätter. Dass es sich dabei nur um Traubenzucker gehandelt haben soll, mit dem die Spieler ihren Fruchtsaft süßten, wie der brave Uwe Seeler schließlich behauptete … Das kann man glauben. Oder auch nicht.

Und was ist mit dem FC Bayern? „Jetzt sind wir glücklich", erklärte Trainer Louis van Gaal nach dem Florenz-Spiel vielsagend. „Gegen Bordeaux zum Beispiel wurden wir benachteiligt."[6]

Vorsicht! So eine Äußerung kann einen schnell Kopf und Kragen kosten. Denn die Drahtzieher schlafen nicht. 2007 leitete der Deutsche Fußball-Bund (DFB) prompt ein Ermittlungsverfahren gegen Trainer Christoph Daum ein, als der nach einer Zweitliga-Niederlage seiner Kölner gegen Alemannia Aachen eine Verschwörung witterte.[7] Schiedsrichter Florian Meyer hatte zu Beginn der zweiten Halbzeit ein Tor von Adil Chihi wegen vermeintlicher Abseitsposition nicht anerkannt – ein Fehler, wie TV-Bilder zeigen.

„Das war eine bewusste Entscheidung gegen den 1. FC Köln", argwöhnte Daum nach der Partie. „Die Schiedsrichter greifen immer mehr spielentscheidend ein. Sie sind keine Spielleiter mehr, sondern Spielentscheider. Zum x-ten Mal wurde uns nun schon beim FC ein klares Tor aberkannt. Solange ich beim 1. FC Köln bin, fallen die meisten Entscheidungen gegen uns."

Hm, ist das wirklich so? Trotz einer durchwachsenen Saison gelang Daum und dem 1. FC Köln am vorletzten Spieltag der Saison 2007/08 der Wiederaufstieg in die Erste Bundesliga. Und wer mag sich schon brave Pfeifenmänner wie Florian Meyer oder Dr. Markus Merk als „Agent J" oder „Agent K" vorstellen? Sind die viel gescholtenen Männer in Schwarz tatsächlich „anders als der Rest der Menschheit, nicht an irgendwelche Schranken ihrer Vergangenheit, ihrer Leidenschaften oder ihrer menschlichen Begrenztheit gebunden, sondern aktiv und kühl berechnend",[8] wie Verschwörer nun mal angeblich agieren?

Wenn's beim Fußball nicht so läuft, wie gewünscht, muss das als schlecht Erachtete erklärt werden. Das ist verständlich. Kaum etwas ist so schwer zu ertragen wie der banale Zufall.

Insofern müssten Fußballfans eigentlich massenhaft dem Verschwörungsdenken zuneigen. Dass sie es nicht tun, hat einen simplen Grund: Der Schiri-Verschwörung fehlt ein unabdingbarer Bestandteil einer jeden Konspiration: ein eindeutiges Gut und Böse.

Denn am Ende gleicht sich immer alles irgendwie wieder aus.

Und so blieb beim „Diebstahl von München", unserem Eingangsbeispiel, einer ganz gelassen, während alle zeterten: Florenz-Trainer Cesare Prandelli: „Ich kann 15 Sekunden wütend sein, danach muss ich das Spiel analysieren."[9] Sicher, es habe eine Reihe von Fehlentscheidungen gegeben. Aber „wir dürfen uns nicht konditionieren lassen".

Zugegeben: Diesmal funktionierte das nicht. Das Rückspiel gewann Florenz zwar mit 3:2, die Münchner kamen aber trotzdem weiter. Und erreichten sogar das Finale der Champions-League-Saison 2009/2010 – das die „reichen und mächtigen" Bayern gegen Inter Mailand ohne ihren Erfolgsgaranten Franck Ribery bestreiten mussten. Der hatte im Halbfinale für ein vergleichsweise harmloses Foul die Rote Karte gesehen und war von der Uefa daraufhin für drei Spiele gesperrt worden.

Sehr seltsam – fand nicht nur Bayern-Präsident Uli Hoeneß: „In der UEFA sind zu viele Italiener, die Interessen haben. Der Schiedsrichter war ein Italiener, unter den Leuten, die bei der UEFA aktiv sind, sind viele Italiener. Und kein einziger Deutscher…"[10]

Anmerkungen

[1] Der Diebstahl von München, *Süddeutsche Zeitung* vom 19. Februar 2010

[2] Verschwörung gegen Real Madrid? *FTD* vom 2. Februar 2010

[3] Siehe hierzu Seite 36.

[4] Zit. nach: Der Büchsenwurf vom Bökelberg, *Spiegel-Online* am 20. Oktober 2006

[5] Zit. nach: Der Büchsenwurf vom Bökelberg, *Spiegel-Online* am 20. Oktober 2006

[6] Zit. nach *Focus-Online* am 18. Februar 2010

[7] DFB ermittelt gegen Kölns Trainer Daum, *Spiegel-Online* am 21. August 2007

[8] Hofstadter, R. (1979): The paranoid style in American Politics, in: Ders., The paranoid style in American politics and other essays, S. 3–40, Chicago: University of Chicago Press

[9] Zit. nach: Der Diebstahl von München, *Süddeutsche Zeitung* vom 19. Februar 2010

[10] Uli Hoeneß lästert über zu viele Italiener in der UEFA, *Die Welt* vom 7. Mai 2010

Die Men-in-Black-Verschwörung

Will Smith – oder will er nicht? Davon dürfte abhängen, ob es einen dritten Teil der abgefahrenen Space-Komödie „Men in Black" geben wird. Die Fachpresse verlautbart, alles sei schon vorbereitet – nur der zwischenzeitlich zum King der Kinokassen gereifte „Agent J"-Darsteller ziere sich noch.

Den Ufo-Fans wird's vermutlich egal sein. Smartie Smith war ohnehin nie die Idealverkörperung eines wahren „Man in Black".

Im Kino tragen „Agent J" und „Agent K" (Tommy Lee Jones) Armani-Chic, Ray-Ban-Sonnenbrillen und hantieren mit modernsten High-Tech-Waffen wie unsereiner mit dem Handy. Aus mysteriösen und schlecht gekleideten Finsterlingen der Verschwörungs-Historie sind coole Leinwandhelden geworden, die „die Erde vor dem Abschaum des Universums" beschützen. Ihren schleimigen Job für die etwas andere Einwanderungsbehörde erledigen Jay und Kay wie geübte All-Artisten: Sie bringen Aliens zur Strecke, die von der Erd-Regierung heimlich geduldet wurden, sich aber als asozial geoutet haben und zu viel öffentliche Verwirrung auf unserem Blauen Planeten stiften.

Im echten Mythos um die MIB hingegen sind diese selbst bedrohliche Widerlinge. Davon berichtet zum Beispiel der Psychiater Dr. Herbert Hopkins aus dem US-Bundesstaat Maine. Am 11. September 1976 will Hopkins gegen 20 Uhr einen mysteriösen Anruf bekommen haben. Der Mediziner ist zu diesem Zeitpunkt als Hypnose-Experte in einen Ufo-Entführungsfall verwickelt. Der Anrufer stellt sich als Vizepräsident einer Ufo-Forschungsgruppe aus New Jersey vor und will mit Hopkins über den aktuellen Fall reden. Der Mediziner willigt ein, den vermeintlichen Ufo-Enthusiasten noch am selben Abend zu empfangen.

Hopkins geht zur Tür, um das Licht draußen einzuschalten – da kommt ihm der Fremde auch schon entgegen. „I saw this man dressed in black coming up the porch stairs. I saw no car, and even if he did have a car, he could not have possibly gotten to my house that quickly from any phone", erinnerte sich der Arzt.[1]

Wie ein Leichenbestatter sieht der unheimliche Gast aus. Er trägt einen schwarzen Anzug, eine schwarze Krawatte und ein leuchtend weißes Hemd, alles makellos sauber und sorgfältig gebügelt. Der Mann ist groß, leichenblass, hat eine Glatze und weder Augenbrauen noch Wimpern („completely hairless") – dafür aber Lippenstift aufgetragen. Er befiehlt Hopkins, sämtliche Tonbänder und Unterlagen über den Ufo-Fall zu vernichten. Andernfalls drohe ihm ein plötzlicher Schicksalsschlag, etwa in Form eines Herzinfarkts.

Schließlich bemerkt Hopkins, dass der Fremde immer langsamer spricht und seine Bewegungen unsicher werden. Dann sagt er: „Meine Energie wird schwächer, ich muss jetzt gehen." Hopkins Besucher taumelt, als würde er gleich hinfallen. Als er verschwunden ist, sieht Hopkins ein gleißend helles Licht über der Straße, die von seinem Anwesen wegführt. Noch eine Woche lang hat Hopkins Alpträume und erhält sonderbare Telefonanrufe.[2]

Anders als in den beiden Hollywood-Blockbustern „ist das ganze Konzept der Men in Black ziemlich beängstigend", raunt es uns also nicht von ungefähr aus der Literatur entgegen. „Wer sind sie eigentlich? Sind sie Teil eines Regierungs-Komplotts, um die Opfer von Ufo-Attacken zum Schweigen zu bringen? Hat die Regierung Angst, uns solcherlei Aktivitäten zu enthüllen? Könnte es sich hier um ein Komplott der Regierung mit einer außerirdischen Macht handeln?"[3]

Könnte. Ist es aber vermutlich nicht.

Warum sollten sich sternenreisende und technologisch hoch überlegene Aliens bei solch heiklen Missionen wie Old-fashioned-Blödmannsgehilfen anstellen? Ein Dress wie aus der Kleiderkammer? Lippenstift? Tattriges Auftreten? Wirre Sprüche? Also bitte! Das geht wirklich gar nicht. Das klingt eher nach einer misslungenen Schultheater-Aufführung. Und damit kommen wir der Sache möglicherweise schon näher.

Gehen wir zurück ins Jahr 1953. Und nehmen wir eine andere, frühere Begegnung mit den „Men in Black" unter die Lupe. Die eines Untertassen-Schwärmers namens Albert Bender.

Wer sie waren und woher sie kamen, erfuhr Albert Bender nie. Doch die drei ganz in Schwarz gekleideten Männer erschreckten den Hobby-Ufologen aus Connecticut dermaßen, dass er von seinem ehrgeizigen Vorhaben schnell wieder abließ: das Geheimnis um die fliegenden Untertassen zu lüften.

„Sie sahen aus wie Priester, trugen aber Zylinder", berichtete Bender später. „Die Gesichter konnte ich nicht genau erkennen, weil die Hüte sie zum Teil verdeckten und Schatten warfen." Erst wenige Monate zuvor hatte der Exzentriker Bender das „International Flying Saucer Bureau" (IFSB) gegründet. Man schrieb die frühen 1950er, der Kalte Krieg brachte neue Ängste hervor, und in Amerika schien plötzlich der Himmel voller Ufos zu hängen.

Doch jetzt bekam es der IFSB-Chef mit der Angst. Denn seine namenlosen Besucher forderten ihn unmissverständlich auf, die Amateur-Organisation aufzulösen, sein Magazin *The Space Review* einzustellen und „niemandem die Wahrheit zu erzählen". Für Bender stand fest: Bei den Männern in Schwarz handelte es sich um Außerirdische, die Ufo-Enthusiasten zum Schweigen bringen sollen.

Einige Zeit danach vertraut Albert Bender sich einem guten Freund an, dem Film-Agenten, Schriftsteller und Ufo-Fan Gray Barker. Der strickt aus der unheimlichen Begegnung der dritten Art einen literarischen Reißer mit dem zugkräftigen Titel „They knew too much about Flying Saucers", zu Deutsch: Sie wussten zu viel über die fliegenden Untertassen. Von nun an gehören die „Männer in Schwarz" zum festen Repertoire der Ufo-Folklore.

Als äußerlich menschlich erscheinende, jedoch unheimliche und angsteinflößende Eindringlinge in das bisher wohlgeordnete Leben von zufälligen Ufo-Zeugen.

1983 bringt Gray Barker ein weiteres Buch über die außerirdischen Dunkelmänner heraus: „MIB – The secret Terror among us." Ein ganzes Kapitel darin ist einem gewissen „Dr. Richard H. Pratt" gewidmet, der es als Ufo-Forscher ebenfalls mit den Männern in Schwarz zu tun bekommen habe. Doch „Richard Pratt" ist in Wahrheit der amerikanische Journalist John C. Sherwood vom *Wilmington News Journal* in Delaware.

Sherwood hatte Barker (der insgesamt sechs Ufo-Magazine herausgab) eine frei erfundene Geschichte über zeitreisende Aliens angeboten und war von diesem gedrängt worden, der Phantastik-Story einen realen Anstrich zu geben sowie einen wissenschaftlichen Gewährsmann dafür zu erfinden. Sherwood spielte mit. „Mein einziges gefaktes journalistisches Werk", wie er mittlerweile bekennt. Der Grund: Dankbarkeit. Es war Barker gewesen, der Sherwoods erstes Buch verlegt und dem damals 17-Jährigen zu einem guten Zeitungsjob verholfen hatte.

Aus jener Zeit datiert auch ein erhellender Briefwechsel zwischen Barker und Sherwood. Daraus geht hervor, dass der „MIB"-Autor die meisten Ufo-Fans für Neurotiker hielt und sich einen kommerziell einträglichen Jux mit ihnen erlaubte. Vieles spricht dafür, dass auch die schauerliche Begegnung des IFSB-Chefs Albert Bender ein von Barker inszenierter Ulk gewesen ist. „My Friend, the Myth-Maker", nennt John Sherwood heute denn auch seinen alten Kumpel Gray Barker, der 1984 starb: „And that weird laughter you hear is coming from Gray Barker's grave ..."[4]

Die unheimlichen Besucher im Priester-Outfit, die Albert Bender das Fürchten lehrten, waren wohl Barker selbst sowie zwei seiner Freunde. Und mit den Buchveröffentlichungen über den Vorfall mutierten die Men in Black zum langlebigen Konspirationsmythos. Filmreif ist die Geschichte der MIB mithin allemal. Und vermutlich ist die Hollywood-Darstellung der ursprünglichen Düster-Mär als spritziger Sci-Fi-Ulk der Wahrheit durchaus angemessen.

Aber was geschah 1976, bei Dr. Herbert Hopkins? Oder bei anderen MIB-Heimgesuchten? War das auch Gray Barker? Nicht unbedingt.

Der deutsche Autor Michael Hesemann macht in seinem 1993 erschienenen Buch „Geheimsache UFO" die 1127th Field Activities Group des US-Luftwaffen-Geheimdienstes verantwortlich für die Men-in-Black-Einsätze. Und vermutete hinter deren albernem Gehabe die schauspielerischen Leistungen minderbegabter ehemaliger Kleinkrimineller, die von der Air Force eigens zu diesem Zweck angeheuert worden seien.

So gesehen sei Will Smith und Tommy Lee Jones ihre geschätzte 20-Millionen-Dollar-Gage für „Men in Black III" gegönnt. Denn die beiden können's wenigstens.

Anmerkungen

[1] Zit. nach http://graylien.110mb.com/hopkins.html
[2] Die Ufos – Geheimnisse des Unbekannten. Time-Life-Bücher, Amsterdam 1988
[3] Tuckett, K. (2001): Verschwörungstheorien von A bis Z. Heel-Verlag, Königswinter
[4] John C. Sherwood: Gray Barker. My Friend, the Myth-Maker, *Skeptical Inquirer,* May/June 1998, online unter www.csicop.org/si/show/gray_barker_my_friend_the_myth-maker/

Die Ufo-Verschwörung

Moment mal: Warum und wozu sollte ein US-Geheimdienst ein paar Kalkleisten engagieren, um Ufo-Zeugen Angst einzujagen? Also muss an der Sache mit den außerirdischen Besuchern doch was dran sein, oder?

Mag sein. Mag nicht sein.

Tatsache ist, dass in den vergangenen Jahren immer mehr „freigegebene Ufo-Akten" ihren Weg in die Medien fanden.

Das britische Verteidigungsministerium gewährte 2008 „Einblick in Ufo-Akten aus früheren Jahren".[1] Die russische Marine gab „bisher geheim gehaltene Akten frei, die von Begegnungen russischer U-Boote und Militärschiffe mit unbekannten Wesen und Objekten" zeugen.[2] Auch die amerikanische Nationale Sicherheitsbehörde (National Security Agency) NSA öffnete Ufo-Akten.[3] Die französische Weltraumforschungsorganisation CNES ebenfalls.[4] Die staatliche Hörfunkanstalt der Ukraine gab bekannt, dass das „Nationale UFO-Archiv frei im Internet zugänglich" gemacht werde.[5]

Und so weiter, und so fort.

Auch das *P.M.*-Magazin berichtete 2009 über „Die geheimen Ufo-Akten"[6] – die zu diesem Zeitpunkt indes so geheim nicht mehr waren. Sonst hätte man ja nicht darüber schreiben können.

Was hat es mit diesen Real-Life-X-Files auf sich?

„Seit die Franzosen ihre streng geheimen Ufo-Akten öffneten, sind weitere Nationen gefolgt und haben ebenfalls ihre Ufo-Dokumente freigegeben", jubelt etwa die Deutsche Initiative für Exopolitik, die sich erklärtermaßen mit der „Bedeutung außerirdischer Besucher für die Menschheit" beschäftigt. Aber: „Die Mehrheit der europäischen Länder schweigt und weigert sich, das Phänomen auch nur anzuerkennen."[7]

Woran könnte das wohl liegen?

Kämpft man sich zum Beispiel durch die riesigen pdf-Dateien auf dem Server des britischen Nationalarchivs,[8] wird schnell offenbar, dass die Militärs Ufo-Sichtungen nicht deswegen erfassten, weil sie Aliens fürchteten. Sondern weil sie Spionage vorbeugen wollten. Die Nachforschungen zu einem angeblichen Ufo-Fall hörten stets dann auf, wenn klar war, dass kein feindliches Flugzeug, keine fremdländische Geheimwaffe dahintersteckte. „Die Beamten füllten Hunderte Seiten ihrer Dossiers, ohne auch nur im Entferntesten zu glauben, dass tatsächlich Außerirdische die Erde besucht haben", kommentierte *Der Spiegel* Großbritanniens geheime Ufo-Akten.

Ist das nun so zu deuten, dass auch die großen deutschsprachigen Informationsmedien sich willfährig am „Informationskrieg gegen extraterrestrische Präsenz" beteiligen, wie etwa die Betreiber der Seite *aliencenter.de* in einem Beitrag zum Thema „Die große Flying-Saucer-Verschwörung" vermuten?[9] Oder sind sogar spektakuläre Fälle wie der „Roswell-Crash" ein ko(s)misches Waterloo für die Freunde von Konspirationsmythen? Gibt es abgestürzte Raumschiffe, tote tiefgekühlte Aliens und Top-Secret-Unterlagen darüber? Oder haben wir es lediglich mit einem Mix aus verzerrter Erinnerung und unnötiger Geheimniskrämerei zu tun?

Nehmen wir exemplarisch den weltberühmten Zwischenfall von Roswell einmal genauer unter die Lupe.

Am 14. Juni 1947 findet ein Rancher namens William Brazel auf einem seiner Felder bei Roswell im US-Bundesstaat New Mexico merkwürdige Trümmerteile, die er als eine Kombination aus „Folie von großer Quantität und Balsaholzstöcken mit Klebeband" beschreibt. Auf der Innenseite des Materials bemerkt er eine Art Schriftzeichen, die aus gekrümmten geometrischen Formen bestehen und weder russischen noch japanischen oder anderen fremdsprachlichen Schriftzeichen ähneln.

Zunächst kümmert sich Brazel nicht weiter darum. Erst als er vom „Fliegenden Untertassen"-Hype und von der „Fangprämie" einer Zeitung in Höhe von 3000 Dollar hört, kommt dem Cowboy wieder der Müll auf seinem Feld in den Sinn. Brazel zeigt Teile davon seinem Nachbarn, ehe er den Vorfall drei Tage später dem Bezirkssheriff meldet. Der wiederum informiert die nahe gelegene Roswell-Luftwaffenbasis, die unverzüglich einen Mann der Spionageabwehr und einen Nachrichtenoffizier zur Absturzstelle entsendet.

Am 8. Juli geht eine Pressemitteilung raus, deren Inhalt so brisant ist, dass sogar die altehrwürdige Londoner *Times* den Text publiziert: Der US-Militärstützpunkt Roswell in Neu-Mexiko sei im Besitz von Wrackteilen eines abgeschmierten außerirdischen Flugkörpers!

Kein Wunder, dass bei der anschließenden Pressekonferenz in Fort Worth (Texas) sich die Reporter und Fotografen gegenseitig auf den Füßen stehen. Viel zu sehen gibt es allerdings nicht. Lediglich etwas, das aussieht „wie ein heruntergekommener silberner Winddrachen", notiert eine Journalistin. Die vermeintliche Sensationsstory entpuppt sich als Windei. Einigermaßen verlegen erklären die anwesenden Militärs, das geborgene Material stamme von einem ganz normalen Raywin-Wetterballon und dessen sechseckigem Radar-Reflektor. Am 10. Juli erscheint in der Zeitung *Alamogordo News* ein Artikel mit der Überschrift: „Phantastereien über ‚Fliegende Scheiben' aufgeklärt."

Damit schien die Sache eigentlich erledigt und niemand hätte vermutlich je wieder etwas vom Wüstennest Roswell gehört.

Doch es kommt anders. Denn nach der Pressekonferenz beginnt ein merkwürdiges Versteckspiel der US-Regierung und der Luftwaffe. Einem lokalen Radiosender wird mit der Schließung gedroht, falls dieser ein bereits fertiges Interview mit William Brazel ausstrahlen würde. Soldaten tauchen in Zeitungsredaktionen auf und fordern die Pressemitteilung vom 8. Juli zurück. Auch Brazel selbst wird nach Aussagen seiner Nachbarn bedroht und zum Schweigen über seinen Fund gezwungen.

Aber warum sollten die Amerikaner so viel Theater um einen simplen Wetterballon machen?

Den Grund für die Geheimniskrämerei gibt die US-Regierung erst fast ein halbes Jahrhundert später, im September 2004, bekannt. Was bei Roswell tatsächlich niedergegangen war, sei ein Aufklärungsballon gewesen. Das streng geheime Spionageprojekt namens „Mogul" sollte in der Stratosphäre die niederfrequenten Druckwellen sowjetischer Atombombenversuche in Sibirien aufzeichnen. Denn damals gab es noch keine Satelliten.

Allerdings waren solche Spionageballons unbemannt. Woher also stammen die drei oder vier toten Außerirdischen, die Ufologen mit dem Roswell-Crash in Verbindung bringen?

Zum 50. Jahrestag des angeblichen Ufo-Absturzes im Juli 1997 veröffentlicht das Hauptquartier der amerikanischen Luftwaffe zu dieser Frage einen zweiten, 231 Seiten umfassenden Bericht. Bei den „Außerirdischen" habe es sich um Plastikpuppen gehandelt, die bei Fallschirmtests aus Flugzeugen abgeworfen worden seien. Der Roswell-Mythos ist anscheinend auch ein Produkt falscher Chronologie. Denn möglicherweise brachten Augenzeugen auch die verbrannten Opfer eines explodierten Tanklastzugs von 1956 nachträglich mit dem angeblichen Ufo-Crash in Verbindung.

Die bis zur Unkenntlichkeit verkohlten und geschrumpften Leichname der Toten wurden auf dem Militärstützpunkt von Roswell von Armeeärzten obduziert. Und inspirierten eine Krankenschwester sowie den örtlichen Bestattungsunternehmer Glen Dennis zu Science-Fiction-Phantasien, bei dem die Armee sich angeblich nach „kleinen, luftdicht versiegelbaren Särgen" erkundigt habe.

Auch die mysteriösen Schriftzeichen auf den Ballon-Trümmern von Roswell fanden eine – wenn auch kuriose – Erklärung: Eine Reihe von Ballons wurden gegen Ende des Zweiten Weltkriegs von Unternehmen gefertigt, die in Friedenszeiten Spielzeug herstellten. Deshalb sei hin und wieder Klebeband mit Blumen- oder auch „Hieroglyphen"-Symbolen verwendet worden.

Stop! Jetzt reicht's aber ... Spätestens an dieser Stelle wäre wohl zu fragen, ob diese Story nicht zu dämlich ist, um wahr zu sein. Vielleicht. Vielleicht auch nicht. Versuchen wir uns die Situation möglichst plastisch zu vergegenwärtigen.

Einen abgelegenen Militärstützpunkt in der Wüste von Neu-Mexiko ereilt die Kunde von einem abgestürzten Ufo. Hohe Offiziere rücken an, begutachten das seltsame Material und nehmen Teile davon mit, um es dem Kommandeur vorzulegen. Der meldet den sensationellen Fund der nächsthöheren Dienststelle, die wegen all der „Fliegenden Scheiben" im Land endlich Erfolgsmeldungen haben wollte.

Man birgt also die Trümmer, parallel dazu wird bereits die Ufo-Nachricht als Pressemitteilung in Umlauf gebracht. Was nicht verwunderlich ist, denn zu diesem Zeitpunkt gebrauchte das Militär den erst wenige Wochen alten Begriff „Ufo" noch im streng wörtlichen Sinne für alle flugfähigen Objekte von schwer einzuordnender Identität.

Und dann – der Schock! Den Verantwortlichen dämmert, was da wirklich vom Himmel gefallen ist: eine super-geheime Geheimwaffe. Also sagt der Ober-Obrist zu seinem Medienoffizier Walter Haut: „Tja, erfinden Sie jetzt was, oder Ihre Karriere ist beendet." Also erfindet der Mann was: die Story von den Außerirdischen. Und als die Militärs und mitspielenden CIA- und FBI-Leute merken, wie unglaublich ihre Landsleute sich verscheißern lassen, bereitet ihnen Roswell fortan einen Riesenspaß. Das FBI „widerspricht" der CIA und behauptet, da sei bloß ein „Wetterballon" entfleucht. Walter Haut dagegen meldet schwerste Gewissenskonflikte: Die Welt müsse wissen, dass in Roswell Aliens abgestürzt seien ... Und so weiter, und so fort. In Washington müssen die Flure gedröhnt haben vor Lachen.[10]

Denn: Im offiziellen Abschlussbericht der Air Force über den Roswell-Zwischenfall vom 8. September 1994 heißt es: „Die US-Streitkräfte wären unmittelbar nach dem Zweiten Weltkrieg nicht in der Lage gewesen – und wären dies übrigens auch heute nicht –, in so kurzer Zeit ein derartiges Ereignis zu identifizieren, das Flugobjekt zu bergen, alle Maßnahmen zu koordinieren, eine Vertuschungsaktion einzuleiten und auch noch das öffentliche Interesse an diesem Vorfall möglichst gering zu halten."

Wirklich nicht?

„Vielleicht soll das uns ja auch nur ablenken von den echten Abstürzen", wird der Roswell-Zwischenfall auch heute noch heiß diskutiert, etwa im Forum von *allmystery.de*. Oder: „Na ja, da wird eine Menge verheimlicht. Ich denke, da ist was Wahres dran an dem Ufo-Absturz in Roswell."[11]

Oder: „Der Roswell-Zwischenfall war nicht das Projekt Mogul. Das ist Blödsinn von der U.S. Air Force. Es gibt (oder gab, weil die ja wie Fliegen alle wegsterben) einfach zu viele Zeugen dafür, dass in Roswell ein unbekanntes Flugobjekt mit Wesen an Bord, die nicht von der Erde kamen, abgestürzt ist."[12]

Nun, das mit dem Verheimlichen stimmt sogar. Und zu wundern braucht sich die amerikanische Regierung nicht über das anhaltende Misstrauen der Ufologen. Denn mittlerweile ist erwiesen, dass es tatsächlich eine jahrzehntelange Verschleierungskampagne der USA in Sachen Ufos gegeben hat – und zwar nicht nur beim Roswell-Ballon.

Der Historiker Gerald Haines rechnete eigentlich gar nicht mit brisanten Enthüllungen, als er die Berichte der CIA über Ufo-Sichtungen zwischen 1947 und 1990 durchforstete. Haines war so etwas wie der offizielle Historiker des Geheimdienstes, genauer gesagt Chefdokumentar des National Reconnaissance Office (Nationales Aufklärungsbüro).

Was er herausfand: Die amerikanischen Behörden hatten die Öffentlichkeit hinters Licht geführt. Schon Mitte der 1950er-Jahre wussten die Spezialisten der Luftwaffe, dass 96 Prozent aller gemeldeten Ufo-Sichtungen in Wahrheit Test- und Einsatzflüge ihrer eigenen Himmelsspäher waren. Vor allem das 1955 konstruierte Aufklärungsflugzeug U-2 sorgte damals häufig für Ufo-Alarm. Die silberne Außenhaut der legendären Maschine reflektierte das Sonnenlicht und erschien vielen zufälligen Beobachtern als unerklärlicher Feuerball am Himmel.

Um Freund und Feind die Existenz der U-2 und anderer Geheimwaffen zu verheimlichen, nutzten CIA und Luftwaffe die Ufomanie, die am 24. Juni 1947 ihren Anfang genommen hatte, als der Privatflieger Kenneth Arnold über dem Mount Rainier im US-Bundesstaat Washington eine Formation von neun mysteriösen, silbrig glänzenden Objekten erblickte. „Sie flogen, wie wenn jemand eine Untertasse nimmt und sie übers Wasser wirft", erzählte er später der Presse. Fortan war der Begriff „fliegende Unterasse" in aller Munde.

Ganz gezielt wurden alle Aufklärungsversuche und kritischen Veröffentlichungen zu diesem Thema abgeblockt – ohne dass eine „derart konspirative Verschwiegenheit etwas mit außerirdischen Raumschiffen zu tun hatte", erinnerte sich der renommierte Astrophysiker Carl Sagan kurz vor seinem Tod 1996. „Es gab also einen potenziellen Interessenkonflikt zwischen den inneren Angelegenheiten des Verteidigungsministeriums und der Lösung des Ufo-Rätsels."

Sagan gehörte seinerzeit selbst dem Komitee des U.S. Air Force Scientific Advisory Board an, einem wissenschaftlichen Beraterstab, der auch Zugang zu geheimen Ufo-Akten hatte.

„Man verfügte dort über ein hochmodernes Aktenarchiv", plauderte Sagan in einer seiner letzten Buchveröffentlichungen aus[13]. „Wenn man etwas über einen bestimmten Ufo-Vorfall wissen wollte, zogen endlose Aktenordner an einem Band vorbei – wie Pullover und Anzüge in einer heutigen Reinigung –, bis das Band anhielt und die gewünschte Akte angekommen war."

Und was stand drin?

„Das, was sich in diesen Akten befand, war nicht viel wert", behauptete der vielfach preisgekrönte Wissenschaftler. Jedenfalls nicht für Ufo- und Alien-Freaks. Stattdessen verbargen sich nach Sagans Eindruck hinter dem Ufo-Phänomen „Daten, von denen man einmal annahm, sie wären von erheblichem militärischem Interesse."

Und das betraf nicht nur geheime Testflüge, Spionageballons oder Ähnliches.

„Wenn Ufos so sind, wie sie in den Zeugenberichten dargestellt werden – sehr schnelle, sehr manövrierfähige Flugkörper –, dann hat das Militär die Pflicht herauszufinden, wie sie funktionieren", beschrieb Sagan die damalige Denkweise der Luftwaffe und der Geheimdienste. „Falls Ufos von der Sowjetunion gebaut wurden, dann war die Air Force verpflichtet, uns zu beschützen. Sollten andererseits die Ufos von Außerirdischen gebaut worden sein, könnten wir die Technik kopieren (falls wir auch nur eine Untertasse in die Hände bekämen) und uns im Kalten Krieg einen gewaltigen Vorteil verschaffen."

Doch kehren wir von unserem Ausflug in die Ufo-Historie zur Gegenwart zurück. Zu den nicht wenigen Verschwörungsfans, die Leute wie Sagan und Haines der Lüge zeihen.

„Menschen müssen ganz einfach geleitet werden", geht etwa der Historiker und fanpsychologisch geprägte Ufo-Anhänger Richard M. Dolan auf Haines' Studie los: „Stifte genug Zweifel in den Gedanken der Öffentlichkeit über ein spezielles Thema, sodass effektive Handlung verhindert wird … Haines Auswählen (und Auslassen) von gesicherten Fakten zeigen, dass dies nicht ein Werk der Geschichte ist, sondern eine Propagandaschrift."[14]

Was also sollen wir nun glauben?

Dass im Jahre 1980, an einem Nebeltag, im Rendlesham Forest bei Suffolk auf einer Lichtung ein leuchtendes metallisches Objekt niedergegangen ist? Ein Polizist namens Kevin Conde bekannte später, seine Kollegen zur fraglichen Zeit mithilfe umgebauter Autoscheinwerfer genarrt zu haben. Trotzdem blieb auch dieser Vorgang in den Ufo-Akten des britischen Ministry of Defence (MoD).[15]

Ein Büroangestellter meldete dem Verteidigungsministerium, dass über dem Londoner Regent's Park ein schimmerndes Objekt auf die Erde zuschwebe. Noch „im Laufe des Anrufs wurde klar, dass es sich bei dem Objekt um einen Drachen handelte", notierte ein Ministeriumsmitarbeiter.[16]

Aber: „Was aus den Akten nicht hervorgeht, ist fast noch wichtiger als das, was daraus hervorgeht", geheimnist Nick Pope, Ex-MoD-Angestellter und dort als „Fox Mulder der Ufologie" berüchtigt. „Sie sagen nicht, dass diese Dinger extraterrestrischen Ursprungs sind. Was sie aber erkennen lassen, ist, dass den europäischen Regierungen immer wieder solche Dinge gemeldet werden."

Ja und? Volldampfplauderer wie Nick Pope nutzen geschickt den Hohlraum, der durch amtliche Verlautbarungen über Ufos und Ähnliches entsteht, als Raum für phantastische Notizen. Alles lässt sich in „unbekannte" Geheimakten hineininterpretieren. Alles. Sinnliche und außersinnliche Wahrnehmung.

Im deutschsprachigen Raum gibt es kein amtliches Ufo-Büro, aber einige private Organisationen, die sich des Themas angenommen haben.[17] Den Zorn der ufologischen Fangemeinde zieht dabei vor allem das CENAP[18] auf sich, das sich selbst als „Exekutions-Kommando für falsche Vorstellungen" bezeichnet. Denn: „So gut wie alle unidentifizierten Objekte lassen sich problemlos identifizieren. Das, was manche für ein Raumschiff halten, ist dann meistens die Internationale Raumstation, ein Planet oder eine chinesische Himmelslaterne."[19]

Und so könnten wir das Thema „Ufo-Akten" endlos hin- und herdrehen. „Das Ufo-Phänomen kann nicht mehr wegdiskutiert werden, da es bereits von Regierungen offiziell bestätigt worden ist" – dieser oder ein ähnlich formulierter Satz war der wohl häufigste Leserkommentar unter den Medienberichten über die jüngst veröffentlichten Ufo-Akten. Allerdings leugnet auch niemand, dass es ein „Ufo-Phänomen" gibt. Ob es „Ufos" gibt, und zwar in der Bedeutung von „außerirdische Raumschiffe", ist dagegen fraglich.

Warum sollten Regierungen und Wissenschaftler so viel Zeit und Energie auf eine gigantische globale Verschwörung verwenden, wenn sie andererseits seit fünfzig Jahren aufwändig nach Zeichen außerirdischen Lebens Ausschau halten?

1960 begann der Astronom Frank Drake von der amerikanischen Cornell University, mit einem Radioteleskop den Himmel abzusuchen – in der Hoffnung, irgendwo da draußen auf „intelligente" Signale zu stoßen. Im Frühjahr 2010 trafen sich alle Mitarbeiter des mittlerweile globalen SETI-Projekts (Search for Extra-Terrestrial Intelligence) in San Diego, um neue Fahndungsstrategien zu besprechen.

Am Rande der Tagung wollte ein Reporter der Tageszeitung *Die Welt* von SETI-Direktorin Jill Tarter wissen: „Bei SETI wird nun seit 50 Jahren nach Außerirdischen gesucht und bislang konnte kein einziger Beleg für die Existenz von Leben im All erbracht werden. Was bedeutet das?" Die Antwort der amerikanischen Astrophysikerin: „Nehmen wir an, die Frage würde nicht lauten, gibt es irgendwo im Universum intelligente Lebensformen, sondern: Gibt es in den Ozeanen Fische? Dann könnte man unsere bisherige Arbeit damit vergleichen, ein einziges Glas Wasser aus dem Meer geschöpft zu haben, um zu schauen, ob sich darin ein Fisch findet. Wenn man in dem Glas keinen Fisch sieht, wäre es jedoch nicht sehr weise, daraus zu folgern, dass es in den Ozeanen generell keine Fische gibt. Das ist die Lage, in der wir uns gegenwärtig bei SETI befinden."[20]

Das klingt nicht gerade so, als würden die SETI-Experten den Ufo-Akten der Nachrichtendienste irgendeine Bedeutung beimessen. Tatsächlich lässt der Erstkontakt mit ET wohl noch auf sich warten.

Und wenn es so weit ist? Was dann geschieht, ist bereits exakt geregelt – nämlich in der „Declaration of Principles Concerning Activities Following the Detection of Extraterrestrial Intelligence",[21] zu Deutsch etwa: „Verlautbarung der Prinzipien betreffend die Aktivitäten nach der Feststellung außerirdischer Intelligenz". Wer immer ein verdächtiges Signal empfängt, solle
1) zunächst selbst noch mal alles prüfen,
2) alle anderen Institute mit Teleskopen fragen, ob sie das Signal auch empfangen,
3) erst dann die Vereinten Nationen benachrichtigen, die eine

Reihe wissenschaftlicher Institute konsultieren und alles kritisch prüfen lassen, und

4) erst bei positivem Bescheid an die Öffentlichkeit gehen.

Und zwar „promptly, openly, and widely through scientific channels and public media". Also zeitnah, vorbehaltlos und breit gestreut, sowohl durch Wissenschaftskanäle als auch über die Massenmedien: „Die Außerirdischen kommen!"[22]

Offenkundig haben die Radioastronomischen Institute mehr Sorge, sich mit einer „sensationellen" Falschmeldung über die Entdeckung Außerirdischer lebenslang zu blamieren, als dass sie sich Gedanken über eine Verschleierung machen.

Wenig bekannt ist auch, dass die Internationale Akademie für Astronautik in Paris eine Liste hochkarätiger Experten führt, die bereit sind, den Regierungen zu helfen, falls Aliens erscheinen – darunter die Affenforscherin Jane Goodall (Spezialistin in Fragen der Kommunikation zwischen Menschen und intelligenten Tieren), SETI-Initiator Frank Drake und Ex-Astronaut John Glenn.

Wer wird der erste Erdling sein, der einem Alien die Hand oder was auch immer schüttelt? Jedenfalls nicht der Präsident der USA. Sondern ein FBI-Agent in einem Schutzanzug des „Biosafety Level 4" (wegen potenzieller Strahlenverseuchung) im Namen der amerikanischen Einwanderungsbehörde, enthüllte das Magazin *Popular Mechanics*.[23] Ordnung muss auch hier sein. Niemand könne ja einfach so illegal in die USA einreisen, woher auch immer.

Und dann? Nun ja, müsse man eben abwarten, wie die Sache sich entwickelt.

Drei Optionen stehen zur Debatte, meint jedenfalls Albert Harrison, Psychologieprofessor an der Universität von Kalifornien: den Stock, die Karotte oder die Umarmung. Heißt: Wir drohen. Wir bieten etwas zum Verhandeln. Oder wir beginnen sofort mit der aktiven Integrationspolitik mit dem Ziel einer multigalaktischen Gesellschaft.[24]

Anmerkungen

[1] „Wir wollen, dass du mit uns kommst", *Spiegel-Online* am 17. August 2009

[2] Verkehrte Netzwelt: Russland gibt Ufo-Akten frei, www.netzwelt.de am 1. August 2009

[3] US-Geheimdienst öffnet Ufo-Akten, www.net-tribune.de am 2. August 2006

[4] www.boardplanet.net am 3. April 2007

[5] www.shortnews.de am 29. Oktober 2009

[6] *P.M.* Nr. 2/2009

[7] www.exopolitik.org

[8] http://ufos.nationalarchives.gov.uk/

[9] www.aliencenter.de/metaufoforum/messages/1271.htm

[10] Zit. nach *GQ* Nr. 3/1998

[11] www.allmystery.de/themen/uf25902

[12] www.scienceblogs.de/astrodicticum-simplex/2009/08/ufos-schwindel-vertuschung-und-geheimhaltung.php, Kommentar von „Laurence", eingestellt am 23. Februar 2010

[13] Sagan, C. (1997): Der Drache in meiner Garage oder die Kunst der Wissenschaft, Unsinn zu entlarven. Droemersche Verlagsanstalt, München

[14] Zit. nach http://www.mufon-ces.org/text/deutsch/dolan1.htm

[15] Die geheimen Ufo-Akten aus England, *Welt-Online* am 15. Mai 2008

[16] Geheime Dokumente enthüllt, *Focus-Online* am 20. Oktober 2008

[17] Kontakt über www.ufo-datenbank.de

[18] http://ufo-meldestelle.blog.de

[19] http://www.uapreporting.org/

[20] www.welt.de/wissenschaft/weltraum/article6543590/Alien-Jaeger-hoffen-auf-neue-Fahndungsstrategien.html

[21] http://www.daviddarling.info/encyclopedia/D/Declar.html

[22] Drohen? Verhandeln? *Welt-Online* am 12. März 2010

[23] When Ufos arrive, *Popular Mechanics*, February 2004, online unter www.popularmechanics.com/science/air_space/1283081.html

[24] Drohen? Verhandeln? *Welt-Online* am 12. März 2010

Die Area-51-Verschwörung

Ist die Tarnung jetzt noch perfekter?

2008 stolperten aufmerksame Leser über eine unscheinbare kleine Notiz in amerikanischen Medien:[1] Der Militärflugplatz am Groom Lake in Lincoln County, Nevada, heiße ab sofort „Homey Airport" und trage den ICAO-Code „KXTA". ICAO-Codes dienen der eindeutigen Identifizierung von Flugplätzen und Hubschrauberlandeplätzen und werden von der Internationalen Zivilen Luftverkehrsorganisation ICAO vergeben.

Das bedeutet unter anderem, dass der Homey Airport künftig einen halböffentlichen Charakter hat und zum Beispiel für etwaige Notlandungen ziviler Flugzeuge zur Verfügung steht.

Was ist an diesem Vorgang so ungewöhnlich? Nun, die Militäranlage am südlichen Ausläufer des riesigen ausgetrockneten Salzsees Groom Lake in der Wüste von Nevada existiert eigentlich gar nicht. Offiziell jedenfalls.

Inoffiziell wird die Gegend „Dreamland" genannt. Oder auch „Area 51". Und dahinter verbirgt sich nichts weniger als „einer der rätselhaftesten Orte unserer Erde", flüsterte sogar in der hoch seriösen ZDF-Doku-Reihe „History" eine Stimme aus dem Off: „Das von der US-Luftwaffe extrem gut bewachte Gelände regt bis heute die Phantasie von Verschwörungstheoretikern an. Was geht hinter dem Zaun der Area 51 vor?"[2]

Tja, was?

Oder formulieren wir die Frage anders: Was hat die Monty-Python-Komödie „Das Leben des Brian" mit dem Mythos gemein, der sich um Amerikas supergeheime High-Tech-Militärbasis „Area 51" rankt?

Die Antwort: In beiden wird „ein obskurer und widerwilliger Messias von fanatischen Anhängern verfolgt, die ihn unerbittlich verehren und sogar in dem Schuh, den er nach ihnen wirft, ein heiliges Zeichen sehen wollen". Diesen Vergleich zog dereinst ausgerechnet der Leiter des „Area 51 Research Center" in dem Wüstennest Rachel. Ein gewisser Glenn Campbell, der von der US-Presse als „Aktivist" tituliert wird, der in Eigenregie die Rechtmäßigkeit staatlicher Vorgehensweisen überwacht.

Ein Querulant aus Passion also. Ein real existierendes Abziehbild der drei paranoiden Verschwörungsfanatiker „The Lone Gunmen" aus der Kult-Serie „Akte X". Und zugleich die wohl schillerndste in der Menge aufregender Gestalten mit ebenso aufregenden Geschichten, die man in dem kombinierten Pub/Store „Little A'Le'Inn"[3] in dem 100-Seelen-Kaff antreffen kann.

Der „obskure Messias", von dem Campbell bereitwillig berichtete, trägt den Namen Bob Lazar. Jener Bob Lazar, der unter dem Tarnnamen „Dennis" einem regionalen Fernsehsender aus Las Vegas im Mai 1989 ein sensationelles Live-Interview gewährte: „Der Mann auf dem Bildschirm war nur als schwarze Silhouette zu erkennen ... Dennis, wie sich der anonyme Informant nannte, stellte sich als Ex-Mitarbeiter der streng geheimen US-Militärbasis Area 51, etwa 150 Kilometer nordöstlich des Spielerparadieses, vor. Schnell ließ er die Bombe platzen: „Es gibt dort mehrere, äh, eigentlich neun fliegende Untertassen außerirdischen Ursprungs."

Beeindruckend detailliert beschrieb Dennis seinen früheren Arbeitsplatz inmitten der Einöde im Herzen Nevadas: Eingegraben in einen Hügel und perfekt getarnt liege dort ein riesiger Hangar, in dem unter strengsten Sicherheitsvorschriften neun unterschiedliche Alien-Raumschiffe von Wissenschaftlern untersucht würden ..."[4]

Weder die Kongressabgeordneten noch der Präsident wüssten davon – „außer sie haben gerade die Nachrichten gesehen, sollte man annehmen", merkte eine Journalistin einigermaßen belustigt zu Lazars spektakulären Enthüllungen an.

Entweder die Nachrichten – oder auch „Independence Day". Eine Schlüsselszene des 100-Millionen-Dollar-Knallbonbons von Roland Emmerich spielt nämlich ebenfalls in der Nähe des Allfahrts-Orts Rachel: „Es gab nie abgestürzte Raumschiffe!", versucht in dem Science-Fiction-Streifen der amerikanische Präsident im Brustton der Überzeugung einen aufgebrachten Bürger zu beruhigen, der sich über die Verschleierungsstrategie der US-Regierung in Sachen Ufos erregt. Da nimmt ein Sicherheitsberater den mächtigsten Mann der westlichen Welt beiseite und raunt ihm sichtlich unwillig zu: „Das ist leider nicht ganz richtig, Sir ..."

Und nur wenige Filmminuten später befindet sich die zusammengewürfelte Gruppe von Überlebenden der Alien-Attacke auf Washington auf einem mysteriösen Stützpunkt in der Wüste – und kann sich dort nicht nur von der Existenz extraterrestrischer Raumschiff-Wracks, sondern auch von tiefgekühlten „grünen Männchen" überzeugen. Und jeder Zuschauer, der auch nur entfernt mit der aktuellen Verschwörungsliteratur vertraut ist, weiß sofort: Hier ist die geheimnisumwitterte „Area 51" gemeint.

„Dreamland", Land der Träume, wird das hermetisch abgeriegelte Hochsicherheitsgelände um Groom Lake auch genannt. Und tatsächlich fliegen hier die Träume der überzeugten Ufologen ganz besonders hoch. Und nicht nur das.

Das Planquadrat 51 sei wie ein großer Wäschekorb, in den man jede moderne Verschwörungstheorie werfen könne, schreibt der Autor David Darlington in seinem Buch „Die Dreamland-Akte": „Hier war das Aids-Virus erfunden worden. Und hier verschwanden entführte Kinder, die in einem unterirdischen Laboratorium medizinischen Experimenten unterzogen wurden. Einigen Quellen zufolge verfügte die Basis über 22 unterirdische Stockwerke und war über ein Tunnelsystem mit ähnlichen Anlagen im gesamten Südwesten der USA verbunden. In Sichtweite unseres Campingplatzes wurden Strahlenwaffen zur Bewusstseinskontrolle entwickelt (allerdings nicht gerade zu diesem Zeitpunkt, denn es war Samstag).

Die Basis wurde nicht von solch untergeordneten Lakaien

wie dem amerikanischen Kongress oder dem Präsidenten oder gar der Air Force kontrolliert, sondern von jener Weltregierung, die als Bilderberger/Council on Foreign Relations/Trilaterale Kommission/Neue Weltordnung bezeichnet wurde, mithin von einer Weltverschwörung, die innerhalb/außerhalb des militärisch-industriellen Komplexes operierte. Diese machtbesessenen Abtrünnigen würden vor nichts Halt machen, um ihr düsteres und ehrgeiziges Ziel zu erreichen: die Weltherrschaft."[5]

Das ist möglicherweise ironisch gemeint.

Oder? Seit Jahrzehnten gilt Area 51 als eines der am besten gehüteten Geheimnisse der Vereinigten Staaten. „Als die Besatzung der amerikanischen Raumstation Skylab 1974 unabsichtlich ein Foto der Anlage aus dem Orbit machte, wurde der Film zur Verschlusssache erklärt", enthüllte *Der Spiegel*.[6] Noch während der Clinton-Präsidentschaft erließ die erste Luftwaffenministerin der USA, Sheila Widnall, eine weitreichende Geheimhaltungsvorschrift. Um Fragen nach dem Stützpunkt abzuwehren, ist die Verbreitung einschlägiger Informationen, ja selbst die Verwendung fiktiver Namen wie „Dreamland" oder „Paradise Ranch" oder „The Box" untersagt.

In einer standardisierten Stellungnahme[7] der Air Force von 1998 heißt es lapidar, weder die Luftwaffe noch das Verteidigungsministerium kennten eine Liegenschaft mit der Bezeichnung „Area 51". Eingeräumt wird lediglich die Existenz eines großen militärischen Sperrgebiets im Süden Nevadas, das als „Nellis Range Complex" bekannt ist. Und dann der entscheidende Satz: „There is an operating location near Groom Dry Lake".

Genau damit dürfte Area 51 gemeint sein.

Was dort geschieht, bleibt indes absichtsvoll im Dunkeln: „Specific activities and operations conducted on the Nellis Range, both past and present, remain classified and cannot be discussed publicly." – „Gewisse Aktivitäten und Operationen, die auf Nellis-Range durchgeführt wurden oder werden, bleiben unter Verschluss und sind nicht für eine öffentliche Erörterung bestimmt."

Warum das alles?

Sogar der eher regierungsfreundliche und Ufo-kritische Spitzenwissenschaftler Carl Sagan wunderte sich Mitte der 1990er-Jahre öffentlich darüber, dass die Air Force gerade mal wieder „weitere rund sechzehn Quadratkilometer der Area 51 für sich beansprucht" habe: „Das Gebiet, zu dem die Öffentlichkeit keinen Zutritt hat, wird immer größer."[8]

Wie einige andere Fachkollegen stellte der Weltraumforscher Mutmaßungen an über ein „in großer Höhe fliegendes, extrem geheimes Aufklärungsflugzeug" mit der Bezeichnung „Aurora". 1993 habe es Schilderungen von Beobachtern aus der Umgebung der Edwards Air Force Base in Kalifornien und vom Groom Lake in Nevada gegeben, und diese Berichte schienen im Großen und Ganzen in sich schlüssig zu sein. „Es soll sich hier um ein Überschallflugzeug handeln, das vielleicht mit der sechs- bis achtfachen Schallgeschwindigkeit fliegt. Es hinterlässt einen merkwürdigen Kondensstreifen, der wie *aufgefädelte Donuts* beschrieben wird ... Aber die CIA schwört hoch und heilig, dass es kein derartiges Programm gibt."

Und genau an diesem Punkt wurde sogar Sagan misstrauisch: „Warum sollte hinter hartnäckigen offiziellen Dementis so wenig stecken?"

Gute Frage.

Wir wissen, dass die No-go-Area 51 eine Institution bei Geheimniskrämern der Dienste und Rüstungsproduzenten mit einer langen Geschichte ist.[9] In den 50er Jahren des 20. Jahrhunderts entwickelten dort die CIA und die Firma Lockheed vom Kongress kaum kontrollierte Spionageprogramme. 1954 startete von dem Wüstengelände aus die U-2, Amerikas berühmtes Spionageflugzeug. Danach wurde im „Dreamland" die A-12 konstruiert, ein Düsenflugzeug mit 3,2-facher Schallgeschwindigkeit, das beispielsweise Nordvietnam ausspähte und nur zwölfeinhalb Minuten brauchte, um das ganze Land zu überfliegen. Auch der erste Prototyp des Stealth-Bombers F-117A hob von der Area 51 ab.

„Was heute dort entwickelt wird, ist auch für Experten ein kaum lösbares Rätsel", hat der deutsche Wissenschaftsjournalist Stefan Maiwald recherchiert. „Die Portale der Flugzeughallen sind nur nachts geöffnet. Einige Beobachter vermuten, dass zurzeit ein hyperschnelles Spionageflugzeug mit achtfacher Schallgeschwindigkeit erprobt wird. Und unter dem Code-Namen *Aurora* wird eine methangetriebene Kreuzung aus Rakete und Düsenjäger entwickelt."

Ob es die „Aurora" wirklich gibt, ist bis heute ungewiss. Aber falls das Flugzeug existiert, dann ist es „wahrscheinlich in der geheimen Area 51 der U.S. Air Force stationiert".[10] Selbiges dürfte für das aktuelle Geheimprojekt X-37B gelten, eine Art Mini-Raumgleiter; der nach den äußerst vagen Auskünften der Air Force für „Operationskonzepte im All" eingesetzt werden soll.[11] Das bedeutet normalerweise: Spionage. Oder sogar die Zerstörung gegnerischer Satelliten mit kleinen, konventionellen Sprengsätzen.

So gesehen kommen die Ufo-Geschichten der Air Force wieder einmal gar nicht so ungelegen, weil sie von den tatsächlichen Geheimprojekten ablenken – ist mittlerweile auch der in Las Vegas lebende Deutsche Jörg Arnu überzeugt, der die wohl umfassendste Info-Seite zur Area 51 betreibt, das „Dreamland Resort".[12]

Und was ist mit Bob Lazars Flugkörpern außerirdischer Herkunft? Und den auf Eis gelegten Alien-Leichen? Lazar will im Abschnitt „S 4" der Luftwaffenbasis gearbeitet und dabei an der Analyse des Antriebssystems eines extraterrestrischen Diskus mitgewirkt haben. Sogar von einem Eingriff der Aliens in die menschliche Entwicklung berichtete Lazar bei seinem Interview mit KLAS-TV.

Allerdings erlitt Lazars Glaubwürdigkeit ernsthafte Risse, als seine akademischen Qualifikationen sich als vorgetäuscht erwiesen. Nur wenige sympathisierende Beobachter drückten bei Lazars Privatbankrott, seinen nicht bestätigten Jobs, seinem unauffindbaren Universitätsabschluss vom Massachusetts Institute of Technology und nicht zuletzt einer Verurteilung wegen Zuhälterei beide Augen zu. Der bekannte Ufologe Stanton Friedman zögerte nicht, Lazar einen Betrüger zu nennen.

Oder ist Bob Lazar selbst Opfer einer Verschwörung?

„Letztendlich hoffte Lazar, seine Person am besten vor lebensgefährlichen Zugriffen von Militär und Regierung schützen zu können, indem er vor laufender Kamera von seinen Erfahrungen und Erlebnissen berichtete", folgert der Konspirologe Andreas von Réty messerscharf. „Sollte er nach seiner Enthüllungskampagne eines mysteriösen, unnatürlichen Todes sterben, so würde die ganze Angelegenheit erst recht aufgewühlt und durch sämtliche Medien gezogen werden ... Also rechnete Lazar mit einem neutralen, unauffälligen Verhalten der Gegenseite, frei nach dem Motto: Finger weg! Man wird ihm ohnehin nicht glauben."[13]

Heute betreibt Robert Lazar angeblich eine Zulieferfirma für Erze und Industriechemikalien in Albuquerque, New Mexico. Seine Internetpräsenz,[14] die „The True Story of Bob Lazar" verheißt, befand sich zum Zeitpunkt der Entstehung dieses Buches „Under Construction". Also vorübergehend außer Betrieb.

Ähnlich verhält es sich mit Glenn Campbell. „Seit einigen Jahren ist es still um die ehemalige ‚Wüstenratte' geworden", wundern sich seine Fans: „Wurde Glenn Campbell unter Druck gesetzt, seine Aktivitäten rund um Area 51 einzustellen?"[15] Auf Campbells Homepage finden wir den beunruhigenden Hinweis: „I am a former Area 51 Guy currently living a gypsy lifestyle in no fixed location."[16]

Und jetzt auch noch die Sache mit dem „Homey Airport" und der öffentlichen Flughafensignatur „KXTA" für die supergeheime Area 51. Verschleierung durch Profanisierung? Oder steckt sogar noch viel mehr dahinter?

Der erste Buchstabe des ICAO-Codes gibt den Kontinent an, auf dem sich der Flugplatz befindet – „K" steht für die USA.

Dem folgt eine Kombination von jeweils drei alphabetischen Zeichen zur eindeutigen Kennzeichnung von Verkehrsflughäfen, zum Beispiel „MUC" für München oder „LHR" für London-Heathrow oder „JFK" für New-York-John-F.-Kennedy.

Wieso hat der neue „Homey Airport" ausgerechnet das Kürzel „XTA" verpasst bekommen? Das weiß anscheinend niemand. Oder doch?

Vielleicht schlicht und einfach: „Extra-Terrestrial-Airport".

Anmerkungen

[1] Siehe z.B. www.airforcetimes.com/news/2008/01/airforce_area51_newname_080122w/
[2] Ausgestrahlt am 22. November 2009
[3] www.littlealeinn.com
[4] Zit. nach „Alien-Parkplatz im Wüstensand", *Spiegel-Online* am 25. November 2009
[5] Darlington, D. (1999): Die Dreamland-Akte. Knaur-Verlag, München
[6] „Alien-Parkplatz im Wüstensand", *Spiegel-Online* am 25. November 2009
[7] http://upload.wikimedia.org/wikipedia/commons/0/06/Usaf_on_area51.png
[8] Sagan, C. (1997): Der Drache in meiner Garage oder die Kunst der Wissenschaft, Unsinn zu entlarven. Droemersche Verlagsanstalt, München
[9] Maiwald, S. (1999): Ungelöst. Knaur-Verlag, München
[10] http://de.wikipedia.org/wiki/Aurora_(Flugzeug)
[11] Geheimprojekt X-37B, *Süddeutsche Zeitung* am 4. März 2010
[12] www.dreamlandresort.com
[13] Andreas von Réty: Dreamland – Der zweite Akt. In: Fiebag, J. (1996): Das Ufo-Syndrom. Knaur-Verlag, München
[14] http://www.boblazar.com
[15] Siehe z.B. www.thomaslotz.de/ufo_portal/areacampbell.htm
[16] http://www.glenn-campbell.com

Die Alien-Verschwörung

Der Weltraum. Unendliche Weiten.

Seit 1977 ist der US-Forschungssatellit Voyager 1 unterwegs dahin. Zurzeit befindet er sich am äußersten Rand unseres Sonnensystems, im Gepäck eine vergoldete Phonogramm-Platte mit Geräuschen und Bildern der Erde. 40 000 Jahre wird es dauern, bis Voyager 1 auch nur in die Nähe eines Sternes gelangt. „Keiner weiß, ob es dann dort intelligentes Leben gibt, um die Zeitkapsel in Empfang zu nehmen, oder ob die Menschheit eine eventuelle Antwort noch erlebt", gab sich eine große deutsche Tageszeitung im Frühjahr 2010 vollkommen naiv.[1]

Andere dagegen scheinen nicht ganz so ahnungslos zu sein. Denn in demselben Artikel zitiert das Blatt einen gewissen Albert Harrison, Professor für Sozialpsychologie an der University of California: Wer so auf sich aufmerksam mache, müsse aber sehr gut aufpassen, welches Bild er von sich zeichne. „Vielleicht empfinden sie uns als Bedrohung. Wir wissen nicht, wie diese Nachrichten interpretiert werden, und bis wir es herausfinden, könnten viele Jahre vergehen", meint Harrison.

Auch der weltbekannte britische Kosmologe Stephen Hawking warnt vor einer möglicherweise feindlichen, technisch überlegenen Zivilisation: „Wir sollten den Ball flach halten." Die britische Fachzeitschrift *Nature* schrieb 2006: „Es kann nicht unbedingt davon ausgegangen werden, dass alle außerirdischen Zivilisationen gutartig sind – und sogar der Kontakt mit einer gutartigen könnte ernste Auswirkungen auf uns hier auf der Erde haben."

Wissen hochrangige Experten wie Harrison und Hawking mehr, als sie sagen? Können oder dürfen sie sich bloß in vagen Andeutungen ergehen?

Andere sind da glücklicherweise weniger zurückhaltend.

Und sprechen das aus, was viele schon lange vermutet haben: Tausende, vielleicht Millionen Menschen werden regelmäßig von Außerirdischen entführt, damit Experimente an ihnen durchgeführt werden können.

Wie muss man sich das vorstellen? Geben wir einem Entführungs- („Abduktions"-)Opfer eine Stimme:

„Ich schlief tief und fest. Auf einmal fühlte ich, dass mich irgendetwas erdrückte auf meinem Bett. Ich wollte die Augen aufmachen, aber das ging nicht. Irgendwann kriegte ich sie langsam und unendlich schwer auf. Die Normalität schien abgelöst zu werden. Die Nacht ballte sich zu einem schwarzen Trichter zusammen, in den ich langsam hineingezogen wurde.

Ich konnte mich keinen Millimeter bewegen. Ich fühlte mich wie in einer engen, dunklen Röhre. Die Düsterkeit war wie ein dicker, undurchdringlicher Filz. Ich fror und doch auch wieder nicht. Meine Haut war eiskalt, aber ich zitterte nicht, spürte nur eine beängstigende Leere in meinem Kopf. Dann fiel mein Körper unendlich tief in riesige Wellentäler, in dunkles Schweigen und gleißendes Licht.

Das Nächste, an das ich mich erinnere: Ich lag in einem silbrig schimmernden, riesigen kuppelförmigen Raum auf einem Metalltisch. Noch immer schien mein Körper nicht zu frieren, nur mein Geist. Drei seltsame Wesen stand um mich herum, einer an meinem Kopf, einer an meiner linken Seite und einer an meinen Füßen. Ich fühlte mich schrecklich allein. Ich sah keine Lampen, aber ein lautloses Knistern und Beben unsichtbarer Energien machte sich in dem Raum bemerkbar. Die Luft glühte, sogar der Boden leuchtete ein wenig.

Die Wesen hatten Augen wie Gottesanbeterinnen, keinen Mund und waren vielleicht einen Meter groß. Unentwegt hörte ich seltsame Klickgeräusche. Sie untersuchten mich mit ihren extrem langen, dünnen Fingern und mit bizarr geformten Instrumenten. Jeder Finger sah so aus, als seien zwei Knochen verschmolzen. Ich empfand nichts als Kälte. Dann bekam ich starkes Ohrensausen, richtig schmerzhaft, und Schwindelgefühle.

Einen Augenblick später war ich wieder in meinem Zimmer. Schweißgebadet kam ich auf meinem Bett zu mir.

Ich lag aber nicht unter meiner Decke, sondern am Fußende des Bettes, als ob mich jemand gerade dort hingelegt hätte. Die Temperatur im Zimmer war extrem gefallen. Es war Sommer und ich konnte trotzdem dampfenden Atem aus meinem Mund entweichen sehen. Im Zimmer roch es eigenartig, nach scharfen Essenzen und nach einem Hauch von Moder. Ich setzte mich halb auf und sah ein Licht am Fenster. Bläulich und weißlich, irgendwie indirekt. Schlaftrunken blinzelte ich den Glanz an. Ich fragte mich, ob ich wohl noch schlafe und träume.

Aber heute bin ich absolut sicher, dass dieses Erlebnis kein Traum gewesen ist."[2]

Eine Szenerie wie in „Akte X". Jener Mystery-Serie, die möglicherweise nicht völlig zu Unrecht im Ruf stand, den Schleier zu lüften und die Menschheit mit der Wahrheit zu konfrontieren. Stückweise. Folge um Folge. Langsam, um ein globales Trauma zu vermeiden. Denn es geht um die vierte große Demütigung in der Geschichte der Menschheit, raunen die Eingeweihten einander zu.

Die erste war die kopernikanische: Die Erde ist nicht der Mittelpunkt des Universums. Die zweite sei die darwinistische gewesen: Der Mensch stammt vom Affen ab.[3] Die dritte war die freudsche: Der Mensch ist nicht Herr über seine Triebe. Und als vierte Schmach drohe jetzt die extraterrestrische: Es gibt eine höhere Intelligenz im Kosmos.

„Akte X" läuft zwar nicht mehr. Aber andere, völlig unverdächtig scheinende Protagonisten setzen die geheime Mission der beiden FBI-Agenten mit dem welterklärenden Gestus fort.

„Dr. House" ist einer von ihnen. In der Episode „Zu den Sternen?"[4] der TV-Serie um den genialen Diagnostiker Dr. Gregory House passiert Folgendes: Ein kleiner Junge wird mit Wahnvorstellungen in die Klinik eingeliefert. Er hat Angst, dass Aliens ihn holen wollen und er einen Chip im Rücken hat, mit dem sie ihn anpeilen. Nach mehreren Untersuchungen stellt das Ärzte-team fest, dass das Kind tatsächlich ein Metallstück neben der Wirbelsäule hat. Nicht unbedingt ungewöhnlich, eigentlich, hatte der Kleine doch vor einigen Jahren einen Armbruch, der mit einem Nagel behoben wurde.

Aber was ist mit den Abduktions-Phantasien und dem Gefühl der Fremdbestimmtheit?

Vielleicht dieses: „Seit 1946 sind mehrere UFOs auf dem Gebiet der USA abgestürzt, unter anderem in Roswell/New Mexico", lesen wir auf einer privaten Internetseite zum Thema „Fakten-Daten-Beweise-Ufos-Außerirdische": „Die Außerirdischen stammen aus der Sternen-Gruppe Zeta Reticuli ... Es wurde ein Vertrag mit Außerirdischen abgeschlossen. Sein Inhalt: Die USA halten die Existenz der Außerirdischen geheim, die Außerirdischen greifen nicht in unsere Gesellschaft ein. Sie bekommen Land und Rechte, die USA Technologie ...

Die Außerirdischen haben Basen auf US Militärgebiet, unter anderem in New Mexico und auf dem Gelände der Nellis-Luft-waffenbasis in Nevada, unterhalb des Groom Lake in der Area 51, dem am stärksten gesicherten militärischen Versuchsgelände der USA. Diese Basen sind gigantische unterirdische Anlagen. Dort haben die Außerirdischen die Amerikaner nicht nur in der Entwicklung ihrer Rüstungstechnologie unterstützt, sondern ihnen auch eines ihrer Raumschiffe zu Studienzwecken überlassen."[5]

So weit, so schlecht.

Der entscheidende Punkt aber ist ein anderer. Und deswegen habe sogar ein US-Senator namens Barry Goldwater die Regierung seines Landes öffentlich angeklagt, „einen Geheimvertrag mit einer außerirdischen Nation gegen die Verfassung und ohne Beschluss des Kongresses eingegangen zu sein".[6]

Worum geht es in diesem Vertrag? Um nichts weniger als das:

„Diese außerirdische Nation ist verantwortlich für ... die Entführung (abduction) Tausender Zivilisten durch Ufos seit Anfang der 1960er-Jahre. Diese Entführungen laufen immer nach dem gleichen Schema ab: Ein Mensch oder eine Gruppe von Menschen beobachtet auf einer einsamen Straße, auf dem Land oder nachts in der Stadt ein Ufo, das näherzukommen scheint.

Er/sie wird/werden bewusstlos, finden sich Stunden später an derselben oder einer anderen Stelle wieder, verwirrt, oft mit Narben am Körper. Sie träumen in den folgenden Wochen immer davon, auf einem Operationstisch gelegen zu haben, umgeben von merkwürdigen, kleinen Wesen. Sie haben Albträume, die davon handeln, dass ihnen mit langen Nadeln Implantate eingesetzt oder sie künstlich befruchtet wurden.

Viele von ihnen begeben sich in psychiatrische Behandlung, um diese Traumata zu verarbeiten. In Hypnose und Rückführungen erinnern sie sich in Details daran, an Bord eines Ufos geholt und dort untersucht worden zu sein."

Das bestätigte auch ein überaus renommierter Wissenschaftler: John E. Mack, Professor für Psychiatrie am Cambridge Hospital der berühmten Harvard-Universität bei Boston/USA. Mack analysierte mehr als zweihundert einschlägige Fälle, führte lange Interviews mit den Betroffenen und erforschte auch deren Umfeld. Was er dabei zutage förderte, muss den respektierten Starakademiker ernsthaft erschüttert haben.

Lieber nahm er in Kauf, von seinen Kollegen als „Ufo-Spinner" ausgelacht zu werden, als die Wahrheit zu vertuschen. Die psychiatrische Arbeit mit Ufo-Entführten, erklärte Mack, habe ihn dazu veranlasst, die herrschende Weltsicht infrage zu stellen: „Ich habe stets gewusst, dass unser Wissenschaftsbild falsch ist."[7]

Der Pulitzer-Preisträger war davon überzeugt, dass Alien-Abduktionen jenseits unserer abendländischen Erkenntnismöglichkeiten liegen und uns früher oder später zur Entwicklung eines neuen Wissens von der Welt zwingen.

„War"? Allerdings, denn Mack kam 2004 bei einem mysteriösen Verkehrsunfall in London ums Leben. Die Wahrheit ist irgendwo da draußen. Und da bleibt sie besser auch. Denn wer sie kennt, wird verrückt. Oder Schlimmeres.

In seinem Bestseller „Abduction: Human Encounters with Aliens" schilderte Mack unter anderem die Erfahrungen einer 22 Jahre alten Musikstudentin namens Catherine.[8]

Catherine erinnerte sich, mitten in der Nacht aufgewacht zu sein und an ihrem Schlafzimmerfenster ein Wesen stehen und blaues Licht gesehen zu haben, das ins Zimmer schien. Das Haus der Familie war ein einstöckiger Wohnwagen, und Catherine nahm an, dass „dieser komisch aussehende Bursche draußen am Fenster" ziemlich groß sein musste – oder in der Luft schwebte. Denn die Unterkante des Fensters lag mehrere Meter hoch über dem Boden und der dünne Rumpf des Wesens war im Fenster sichtbar.

Catherine beschrieb es folgendermaßen: Es hatte „große schwarze Augen, ein spitzes Kinn … sein ganzer Kopf sieht aus wie ein umgedrehter Tropfen. Als Mund hat er nur eine Linie, die Nase kann ich von hier aus nicht richtig sehen, aber sie sieht nicht wie eine menschliche Nase aus. Es ist nur ein Höcker …

Er scheint keine Kleider anzuhaben. Er wirkt überhaupt nicht so, als hätte er irgendeine Farbe an sich. Er hat von dem Licht, das hinter ihm leuchtet, einen blauen Schimmer um sich herum. So, als würde er irgendwie von hinten angestrahlt."

Was die 22-Jährige dabei verspürte, war nackte Angst. „Es ist, als ob Monster kommen und mich packen. Aber sie sind Realität. Es gibt nichts, was ich tun könnte … Ich wollte lauthals nach meiner Mama schreien und rufen, dass sie kommen solle, aber ich konnte mich nicht bewegen. Ich konnte kein Wort herausbringen."

Als das *Focus*-Magazin Macks Buch rezensierte[9], kam der Journalist am Ende zu zwei möglichen Schlussfolgerungen:

1. „Ein Harvard-Medizinprofessor verdient regulär nur 12 000 Dollar im Jahr, wenn keine privaten Stiftungsgelder hinzukommen". (Was uns wohl suggerieren soll, Mack habe „Entführt von Außerirdischen" womöglich nur aus Geldgier geschrieben.)

2. „John Mack glaubt nicht nur, was er sagt – es ist auch etwas Wahres dran."

Im deutschsprachigen Raum kann man sich auf verschiedenen Webseiten, die sich mit dem Wundersamen und Paranormalen befassen, von der Wahrheit der Entführungserlebnisse überzeugen.[10] Allerdings greifen auch Unterhaltungsmedien und sogar völlig sachfremde Fernsehserien wie „Dr. House", „Tatort"[11] oder „Der Bulle von Tölz"[12] das Thema auf.

In welcher Weise, kann man sich lebhaft vorstellen. Late-Night-Talker Harald Schmidt etwa witzelte seicht: „In der Schweiz gibt es jetzt ein Sorgentelefon für Ufo-Entführte. Ist auch notwendig, denn in der Schweiz ist im Grunde alles ein Ufo, was schneller ist als 30 km/h."

Überaus spaßig. Glauben Schmidt, die Herren vom *Focus* und einige andere Meinungsmacher wirklich, dass Millionen Amerikaner und viele weitere Betroffene auf der ganzen Welt sich solche Geschichten einfach ausdenken?

Verschiedene – darunter auch sehr skeptisch eingestellte – Psychologen haben Hunderte von Abduktions-Opfern psychologisch untersucht. Nicht nur John Mack. Dabei ergaben sich keineswegs mehr Hinweise auf Geistesstörungen als in der Gesamtbevölkerung, dazu eine normale Intelligenzverteilung (möglicherweise sogar etwas intelligenter) und keine ungewöhnliche Neigung zum Phantasieren. Kurz gesagt, Entführte sind ganz normale Zeitgenossen, die nach bestem Wissen und Gewissen das berichten, was sie erlebt haben.

Zugegeben: Es existieren keine unabhängigen Bestätigungen ihrer Berichte. Obwohl manche Abduktionen aus Hochhäusern in Großstädten stattfinden oder einzelne Personen von öffentlichen Plätzen weg entführt werden, gibt es keine Zeugenaussagen anderer Beobachter.

Darüber hinaus haben sich die Leugner sogar auf die häufig genannte Zahl von „vier Millionen" entführten US-Bürgern eingeschossen. Diese Angabe stammt aus einer Umfrage des Ro-

per-Meinungsforschungsinstituts aus dem Jahr 1991. Tatsächlich wurde dabei nicht direkt nach Aliens gefragt, sondern nach fünf sogenannten „Indikator-Erfahrungen", nämlich:
- nachts gelähmt aufzuwachen und die Anwesenheit einer fremden Person zu spüren (18 Prozent),
- das Gefühl, durch die Luft zu fliegen (10 Prozent),
- einen Zeitraum von einer Stunde oder länger ohne Erinnerung daran, womit man die Zeit verbracht hat (13 Prozent),
- ungewöhnliche Lichter im Zimmer zu sehen, ohne sie erklären zu können (8 Prozent),
- Narben an sich zu entdecken, ohne sich an eine Verletzung zu erinnern (8 Prozent).

Wenn vier dieser Erfahrungen zutrafen, so bestünde „eine große Wahrscheinlichkeit, dass die Person ein Ufo-Entführter ist". Denn auch John Mack hatte bei seinen Befragungen immer wieder festgestellt, dass Menschen mit Erinnerungen an Abduktionen häufig genau diese „Indikator-Erfahrungen" berichten.

Zweifler wenden an dieser Stelle ein: Was sagt das aus? Dass jemand zum Beispiel Narben an sich entdeckt, müsse überhaupt nichts mit Außerirdischen zu tun haben. Wohl jeder Heimwerker habe sich schon einmal verletzt, ohne das gleich zu bemerken. Auch viele Hautkrankheiten könnten unbemerkt entstehen und Narben oder verletzungsähnliche Spuren hinterlassen. Mithin seien es angeblich viel weniger als vier Millionen Amerikaner, die sich tatsächlich an eine Ufo-Entführung erinnern.

Mag sein. Doch damit ist das ganze Rätsel natürlich nicht gelöst. Was steckt dann hinter den beängstigenden Berichten, die die Forscher aufgezeichnet und veröffentlicht haben? Oder hinter den genannten Internet-Erfahrungsseiten? Warum sollten „normale" Menschen so etwas erzählen?

Mal schauen: Die Abduktionsberichte drehen sich um die Erfahrung, nachts aufzuwachen und sich gelähmt zu fühlen. Auch das ist im Kern ein normales, leicht erklärbares Phänomen, nämlich die sogenannte Schlaflähmung (sleep paralysis). Wenn wir schlafen, werden im Gehirn die Bewegungszentren

„abgekoppelt". Das muss so sein, denn ansonsten würden wir jede Bewegung, die wir im Traum machen, auch wirklich ausführen – wie es Schlafwandler tun.

Dieser an sich sinnvolle und nützliche Mechanismus hat indes einen Nebeneffekt: Kurz vor dem Einschlafen oder nach dem Aufwachen kann das Bewusstsein schon überwiegend im Wachzustand sein, aber der Körper noch im gelähmten Schlafzustand. Wir fühlen uns hellwach, haben aber keine Kontrolle über unseren Körper. Unser Wahrnehmungssystem versucht, diesen merkwürdigen Zustand zu interpretieren, ihm einen Sinn zu geben. Sich nicht bewegen zu können, bedeutet (im normalen Leben) nicht selten eine Gefahr. Hält uns etwas – zum Beispiel ein fremdes Wesen – fest?

Auch andere Teile des Gehirns sind noch nicht ganz im Wachzustand, unzusammenhängende Bilder und Erinnerungen können ins Bewusstsein dringen, sich mit realen Sinneseindrücken mischen und zu Halluzinationen führen. Eine Schlaflähmung mit Halluzinationen ist mithin eine nicht unbedingt außergewöhnliche Erfahrung, die die meisten gesunden Menschen irgendwann in ihrem Leben machen. Es ist kein Traum, sondern viel lebendiger und realer, und man fühlt sich dabei hellwach. Der Zustand beunruhigt uns, weil er nicht recht in unsere normalen Erfahrungen passen will und wir ihn nicht verstehen oder deuten können.

Gut und schön. Aber wo kommen jetzt Aliens von solider Hässlichkeit ins Spiel?

Tatsächlich quälen uns nicht nur Außerirdische. Im europäischen Volksglauben sind Berichte vom Alp (auch Nachtmahr oder Drude) verbreitet, einem mythischen Wesen, das sich nachts schwer auf den Schläfer setzt, ihn festhält, sodass er sich nicht bewegen, manchmal kaum atmen kann. Man wird umgangssprachlich vom Alp gedrückt beziehungsweise von der „Mahre" oder „Drude" geritten und muss wundersame und erschreckende Dinge mitmachen – Erfahrungen, die alle Merkmale von Schlaflähmungen haben. Andere Menschen fühlen sich (auch heutzutage) vom Teufel oder anderen mythologischen Wesen gelähmt.

Ob nun Nachtmahre, Teufel oder Außerirdische gesehen werden und wie die Erfahrungen konkret aussehen, hängt offenbar von der Person und ihrem kulturellen Hintergrund ab. Im Zustand der Schlaflähmung versucht das Gehirn, den Zustand der körperlichen Hilflosigkeit zu deuten. Dabei werden alle Erinnerungen und Wissensfragmente aktiviert, die eine Erklärung dafür geben könnten.

In früheren Zeiten hatten die Menschen Bilder von seltsamen Wesen aus Sagen und Überlieferungen im Kopf. Heute kann sich kaum jemand einen Nachtmahr vorstellen, aber Aliens treten uns in Filmen und Büchern alltäglich entgegen. Jeder kennt die „kleinen Grauen", die selbst in der Werbung für eine bekannte Biersorte Menschen in ihre Raumschiffe entführen.

Verständlich also, dass die „sleep paralysis" all die bekannten Bilder von Außerirdischen hervorbringt. Und je mehr entsprechende „Entführungsberichte" in den Medien verbreitet werden und zum Thema von Büchern und Filmen werden, desto stärker setzen sie sich als Deutungsmuster im allgemeinen Bewusstsein fest und werden dann hervorgeholt, wenn das Gehirn keine andere Deutung für eine erschreckende Erfahrung findet.

Bei den Berichten, die Forscher wie John Mack oder Dr. Karla Turner[13] gesammelt haben, kommt aber noch ein weiterer, ebenfalls nicht sehr bekannter Aspekt hinzu: Viele der befragten Personen erinnerten sich nicht sofort an die Alien-Entführung, sondern erst, als sie lange Zeit später unter Hypnose dazu befragt wurden. Aber Hypnose ist nicht unbedingt ein verlässliches Mittel, um die Wahrheit herauszufinden. Denn unsere Erinnerungen werden nicht einfach unverändert aufgezeichnet, sondern im Nachhinein ständig verändert und neu interpretiert. Das passiert schon im ganz normalen Leben, aber unter Hypnose besonders stark. Auch völlig falsche Erinnerungen können so entstehen, wie in vielen Versuchen nachgewiesen wurde.

Ein Hypnotiseur, der von der Realität von Ufo-Entführungen überzeugt ist, kann (auch unbeabsichtigt) seine Interpretation einbringen. Fragt er etwa „Wie sahen die Aliens aus?", obwohl der oder die Hypnotisierte noch gar nicht von Außerirdischen gesprochen hatte, dann beginnt der Befragte automatisch an Aliens zu denken und unter Hypnose diese neue Information mit den alten Erinnerungen zu vermischen, denn unter Hypnose ist man sehr empfänglich für Suggestionen.

Kommen wir noch einmal auf die „vierte große Demütigung in der Geschichte der Menschheit" zurück: Es gibt eine höhere Intelligenz im Kosmos. Aber wieso sollten Wesen, die uns in Physik und Technologie turmhoch überlegen sind, so rückständig auf dem Gebiet der Biologie sein? Warum löschen sie die Erinnerungen an die Entführung nicht einfach komplett aus? Warum stehlen sie nicht ein paar Ei- und Samenzellen, ermitteln den genetischen Code des Menschen und stellen Kopien her, mit denen sie experimentieren können?

All diese Punkte bringen also Kritiker geballt vor, wenn sie behaupten, dass wir insgesamt – mit unserem gut bestätigten Wissen über die Funktionsweise unserer Wahrnehmung und unseres Gedächtnisses – die spektakulären Berichte von Alien-Entführungen überzeugend erklären könnten. Und zwar als die Erfahrungen einer Schlaflähmung, die mit kulturell geprägten Bildern interpretiert wird und mitunter nachträglich durch eine Hypnose-Befragung weiter verändert und verfestigt wird.

Immerhin ringen sie sich dabei noch zu folgender würde- und respektvollen Einschätzung durch: Die Betroffenen spinnen nicht und lügen auch nicht, sondern seien felsenfest von den Erinnerungen überzeugt und könnten regelrecht traumatisiert sein. Doch Erinnerungen geben nicht unbedingt etwas Reales wieder.

Aber wie endete eigentlich die eingangs erwähnte „Dr. House"-Folge? Üblicherweise mit einer ins Bizarre gehenden Diagnose. Ursache für die fremdartige Gedankenwelt des kranken Jungen war das Fetus-in-Fetu-Syndrom. Also gewissermaßen ein Baby im Baby.

Dahinter verbirgt sich eine äußerst seltene Entwicklungsanomalie einer Mehrlings-Schwangerschaft, bei der sich irgendwo im Körper des Babys ein unterentwickelter Fötus einnistet, oft nur als kleiner Zellhaufen oder Gewebemasse und kaum von einer Zyste zu unterscheiden – manchmal auch „Parasitic Twin" genannt und mit einem primitiven Nervensystem ausgestattet. Kaum neunzig Fälle vom Fetus-in-Fetu-Syndrom gibt es auf der Welt.

Sagen wir mal so: Eine Alien-Entführung wäre beinahe glaubhafter.

Anmerkungen

[1] Forscher warnen vor Kontaktversuchen mit Aliens, *Welt-Online* am 2. März 2010

[2] Zit. nach Harder, Bernd (2010): Warum die Uhr stehenblieb, als Opa starb. Knaur-Verlag, München

[3] Was allerdings so nicht ganz korrekt ist. Die Evolutionslehre geht vielmehr davon aus, dass Schimpansen, Gorillas, Orang-Utans und Menschen gemeinsame Vorfahren haben.

[4] Erstausstrahlung am 11. September 2007 bei RTL

[5] http://www.foren4all.de/ufos/ufokontakteundvertraege/ eisenhowersvertrag.php

[6] Siehe hierzu auch: „Senator Barry Goldwater on Ufos, ETs and Roswell", im Internet unter www.rense.com/general70/cla.htm

[7] Liederliches Treiben, *Der Spiegel* Nr. 21/1994

[8] Mack, J. E. (1995): Entführt von Außerirdischen, München: Bettendorfsche Verlagsanstalt, S. 199 ff.

[9] Die irren Fälle des Dr. Mack", *Focus* 35/1995

[10] Z. B. www.allmystery.de/themen/uf9878 oder http://forum.grenzwissen.de

[11] Folge „Tod im All", Erstausstrahlung am 21. 4. 1997, ARD

[12] Folge „Tod aus dem All", Erstausstrahlung am 7. 2. 1999, SAT 1

[13] Kidnapped: Human Monitoring of CE4 Experiences, www.paranoiamagazine.com/kidnapped.html

Die Illuminaten-Verschwörung

„Ich lasse mir nichts mehr vormachen", erklärte Anfang 2010 ein zorniger Milchbauer aus Niederbayern der Presse den Verfall der Milchpreise: „Über allem stehen die Illuminaten!" Die deutschen Bauern sollten gezielt in den Ruin getrieben werden, damit internationale Investoren ihr Land aufkaufen können. Deutschland? Bloß eine Scheindemokratie. Der Bauernverband? Steckt mit den Verschwörern unter einer Decke. Die wahren Mächte sind andere.[1]

Bauer sucht Frau? Nicht unbedingt. Erwin Schneiderbauer aus dem bayrischen Kornöd (Landkreis Rottal-Inn) sucht die Wahrheit. Und diese Suche führt ihn – wie schon viele vor ihm – geradewegs zu denen, die nicht getrieben werden. Sondern die treiben. Die die Welt nach ihrem Willen formen. Und große Pläne haben. Die unheimliche Dunkelmacht ist intelligent, schlagkräftig und zu allem entschlossen.

In Dan Browns Thriller „Illuminati" bricht der mächtige Geheimbund zu einem Rachefeldzug gegen das Zentrum der katholischen Welt auf: den Vatikan. Nach offizieller Lesart handelt es sich dabei um pure Fiktion, geschickt vermischt mit historischen Fakten. Doch die Hartnäckigkeit, mit der die Illuminaten die Menschen heute noch beschäftigen und für immer neue Spekulationen sorgen, wirft Fragen auf: „Was ist das Geheimnis der mysteriösen Dunkelmänner, die scheinbar im Verborgenen operieren? Warum haben sie so viel Macht über unsere Gedanken?"[2]

Um das zu klären, müssen wir uns aufmachen. Einige Jahrhunderte in die Vergangenheit. Nach Ingolstadt an der Donau. Und da das nicht möglich ist, bescheiden wir uns mit einer historischen Stadtführung. Der Wahrheit auf der Spur. Und los geht's:

Eleusis, um 23 Minuten nach 17 Uhr. Drei Mal 23 Personen haben sich im Innenhof des Canisius-Konvikts, gegenüber der Nordseite des mächtigen Münsters, eingefunden. Ein vorgeblicher Historiker von einer nahe gelegenen Universität mit Namen Dr. Marko Papánek versammelt die Frauen und Männer um sich und kündigt sensationelle Enthüllungen über die Weltverschwörung der Illuminaten an. Als er einen versiegelten Umschlag mit der aktuellen Mitgliederliste des Geheimbundes öffnet, geht das Schriftstück unvermittelt in Flammen auf. Schreiend und in Panik ergreift Dr. Papánek die Flucht.

An seiner statt übernimmt ein historisch anmutender Edelmann mit weißen Handschuhen, Gehrock und Spazierstock die bunt gemischte Besuchergruppe. „Gestatten, Aristoteles", stellt er sich mit seinem Tarnnamen vor, „aber bitte vergessen Sie das gleich wieder." Wichtig sei nur, dass er „der einzig legitimierte Repräsentant des Illuminatenordens zu Ingolstadt" sei und nun erstmals Nicht-Eingeweihten dessen wahre Geschichte enthülle.

„Eleusis", so nannten die Illuminaten Ingolstadt als Ausgangspunkt ihres weltlichen Ordens, nach jenem Ort in Griechenland, der in der Antike für seine Mysterienkulte berühmt war. Die 23 wiederum gilt als eine der Symbolzahlen der Illuminaten – was jedoch getrost ins Reich der Legenden verwiesen werden kann.

Dichtung oder Wahrheit? Verschwörungs-Tour oder Geschichts-Lehrstunde? „Jesuiten, Illuminaten und die Sau von Ingolstadt" heißt die Erlebnisführung durch die Donaustadt „rund um die bairischen Illuminaten". Doch die wenigen Dan-Brown-Fans unter den Teilnehmern, die bei dem konspirativen Geraune von „Dr. Papánek" noch zustimmend genickt hatten, kommen kaum auf ihre Kosten. „Wir versuchen wegzukommen von den ganzen Mythen und Legenden, die sich heute um die Illuminaten ranken, hin zum historischen Ursprung", erklärt Initiator Michael Klarner, der auch den „Aristoteles" gibt.

Seit vielen Jahren führen Klarner und sein Team Touristen auf den Spuren des Gruseldoktors Viktor Frankenstein durch die nächtliche Altstadt.[3] Und von Beginn an streifte „Dr. Frankensteins Mystery Tour" auch das Thema Illuminaten. Denn „Frankenstein"-Autorin Mary W. Shelley ließ anno 1818 ihren weltberühmten Schauerroman vermutlich nur deshalb in Ingolstadt spielen, weil sie ein Buch über den legendären Geheimbund gelesen hatte, der sich in der zweiten Hälfte des 18. Jahrhunderts hier gründete.

Aber erst ein aktueller Bestseller gab den Anstoß zu einem eigenständigen Illuminaten-Rundgang. Seit „Illuminati" die Buch- und Filmcharts erobert hat, wollen zahllose Anrufer aus aller Welt vom Kulturbüro der Stadt Ingolstadt wissen, was es mit diesem Orden auf sich hat – mit dem „mächtigsten satanischen Kult", der „gefährlichsten antichristlichen Macht auf Erden", wie Dan Brown schreibt.

„Man kann den historischen Recherchen des Schriftstellers Dan Brown so viel vertrauen wie der Kaufempfehlung eines Investmentbankers", mäkelte etwa *Die Welt* an dem atemlosen Thriller-Spektakel herum.[4] Eben dieses soll bei „Jesuiten, Illuminaten und die Sau von Ingolstadt" anders sein. Monatelang hat Klarner sich durch Archive und Bibliotheken gewühlt. Was er nun als illuminatischer Stadtführer an Fakten ausbreitet, ist seriös, solide. Und dennoch interessant und unterhaltsam wie ein Geschichtsschmöker.

„Die Sau von Ingolstadt" – so soll dereinst Martin Luther seinen Gegenspieler Johannes Eck tituliert haben. Der papsttreue Theologieprofessor errichtet in den Sturmjahren der Reformation ein Bollwerk des Katholizismus an der Donau. Ingolstadt wird zu einem Zentrum jesuitischer Gegenreformation, was der „Societas Jesu" zwei Jahrhunderte lang eine überragende Machtposition sichert. Dass die Illuminaten-Stadtführung örtlich am ehemaligen Wohnhaus Ecks und zeitlich mit Luthers Thesenanschlag zu Wittenberg im Jahr 1517 beginnt, hat seinen guten Grund: Als Illuminaten-Gründer Adam Weishaupt 1748 geboren wird, sind viele bayerische Bildungsanstalten fest in der Hand der Jesuiten.

Über seine Kinderzeit schreibt Weishaupt später: „Ich kam als ein Knab von achthalb Jahren das erstemal in die Schule. Es ist wahr, wir mussten unaufhörlich beichten und dem äußerlichen Gottesdienste beiwohnen und vorzüglich die Andachten zu ihren [der Jesuiten; Anm. d. Autors] Heiligen verrichten. Aber dies war auch alles. Sie wollten sich auf diese Art, nicht durch Gründe, sondern durch den äußerlichen Glanz, durch Gewohnheit und Fertigkeiten des jungen Kopfes so sehr bemeistern, dass er dereinst bei reiferen Jahren gar kein Bedürfnis nach höheren Gründen haben sollte. Unser einziger Unterricht war jeden Freitag, wo wir ein Stück aus unserm Canisius [der Heilige Petrus Canisius; Anm. d. Autors] auswendig daher plappern mussten."

Die katholische Ordensgemeinschaft gilt als dogmatisch borniert und wissenschaftsfeindlich. Neue Studienfächer wie Chemie oder Botanik stoßen regelmäßig auf den Widerstand der theologischen Fakultät und dürfen nicht gelehrt werden. Einem zeitgenössischen Vortrag an der königlichen Akademie der Wissenschaften zu München können wir entnehmen: „Es war ein seit lange geübtes Recht der theologischen Fakultät, durch strenge Handhabung der Zensur jedes akatholische Buch von Ingolstadt fern zu halten. Auch die Jurisprudenz, von der Philosophie verstand es sich von selbst, blieb in die engsten konfessionellen Schranken gebannt."

Doch protestantisch dominierte Städte wie Regensburg und andere wehren sich mit aller Kraft gegen die jesuitischen Privilegien. Schließlich erreichen die Kontrahenten der „Gesellschaft Jesu" ein Verbot des Jesuitenordens. Einen entsprechenden Erlass unterzeichnet Papst Clemens XIV. am 21. Juli 1773. Als banaler Grund wird die „unverschämt tolerante" Einstellung genannt, die die Jesuiten bei der Missionierung Chinas gezeigt hätten. Nur allzu schnell stellt sich jedoch heraus, dass die jesuitischen Gelehrten an den Hochschulen weder zahlenmäßig noch qualitativ ersetzt werden können. Sie bleiben vorläufig im Amt und erneuern ihren Einfluss auf die Bildungspolitik.

Seit 1773 lehrt der Nicht-Theologe Johann Adam Weishaupt katholisches Kirchenrecht an der Ingolstädter Universität, bis dahin eine Domäne der Jesuiten. Als er mehr und mehr in „eine relativ isolierte Stellung" gerät, sucht Weishaupt Verbündete unter seinen Hörern.

Am 1. Mai 1776 ruft Weishaupt einen studentischen Lesezirkel ins Leben, der sich zunächst „Perfectibilisten" nennt – eine Art Stammtisch seiner besten Schüler. Diese akademische Studiengemeinschaft soll ihren Mitgliedern „Schutz vor jesuitischen Intrigen" bieten, die Weishaupt wohl nicht zu Unrecht überall wittert, und ihnen ermöglichen, die aufklärerische Literatur von Rousseau bis Montaigne zu studieren. Der Losung „Freiheit, Gleichheit, Brüderlichkeit" des französischen Schriftstellers François Fénelon fügt Weishaupt noch „Säkularisierung" hinzu. Unzeitgemäß progressive Ideale in einem akademisch-intellektuellen Klima, das nach wie vor massiv vom Jesuitenorden dominiert wird.

Zum mysteriösen Superverschwörer, den die Legende aus ihm modelliert hat, taugt Adam Weishaupt realiter indes wenig. Als weltfremden, misstrauischen und unduldsamen Stubengelehrten beschreiben Zeitgenossen den Philosophen und Kirchenrechtler. Wie sollte dieser „stoische, in sich selbst verschlossene Mann" einen mitgliederstarken, effektiven und einflussreichen Geheimbund aufbauen? Eben. In keiner Phase der Ordensgeschichte ist Weishaupt so recht klar, was der Illuminatenbund eigentlich sein soll: eine heimliche Bildungsinitiative? Eine subversive Eingreiftruppe gegen das Regime einer absoluten Monarchie? Ein konspiratives Netzwerk, welches institutionelle Schlüsselpositionen unterwandert und besetzt?

Eine ganze Weile kann Weishaupt (Tarnname „Spartacus") diese Fragen unentschlossen vor sich herschieben. Tatkräftige und kommunikative Macher wie etwa Freiherr Adolph Knigge (Tarnname „Philo") oder Hofrat Franz Xaver von Zwack (Tarnname „Cato") treten der Vereinigung bei, werben unentwegt neue Mitglieder und entwickeln Programme und Instruktionen.

Die ehemaligen „Perfectibilisten" firmieren nun als „Illuminaten-orden" oder kurz „Illuminaten" – „die Erleuchteten", im Selbst-verständnis der Ordensoberen „Streiter gegen Finsternis".

Nicht einmal über diesen Namen besteht von Anfang an Einigkeit. Weishaupt schlägt zunächst „Bienenorden" vor, weil ihm vorschwebt, dass die Mitglieder unter der Leitung einer Bie-nenkönigin „den Nektar der Weisheit sammeln" sollen. Zwack widersetzt sich diesem Ansinnen, auch „Minerva-Orden" und „Parsenorden" verwirft er, um am Ende bei der Bezeichnung „Illuminaten-Orden" zu bleiben. Illuminatische Zusammenkünf-te werden fortan mit der Schlussformel beendet: „Eure Augen sehen heller, euer Geist ist heiterer; ihr habt einen Schritt näher zum Lichte getan; aber ganz ist die Finsternis und Blödigkeit noch nicht von euch gewichen. Geht nun hin und bereitet euch wieder auf den großen Tag des Lichts."

Ein elitärer Club von naiv-harmlosen, philanthropischen Weltverbesserern – mehr vermag die heutige Geschichtswissen-schaft im „Bund der Illuminaten" nicht zu erkennen. Doch einen Vorzeigeverein in Sachen Aufklärung, Vernunft und kritisches Denken geben die „Erleuchteten" dabei nun auch nicht gerade ab.

Weishaupt, der sich zeitlebens von der geistigen Bevormun-dung durch die Jesuiten gepeinigt fühlt, wird selbst von Macht-gier, Herrschsucht und Kontrollwahn geleitet – und geriert sich wie ein jesuitischer Ordensgeneral. Der permanente Beicht-zwang bei den Jesuiten nennt sich bei den Illuminaten „quibus licet". Eine Art Rechenschaftsbericht, den jedes Mitglied in re-gelmäßigen Abständen an ein ranghöheres Mitglied übergeben muss.

In der Satzung des Illuminatenordens wird diese Pflicht so begründet: „Die Oberen sind unsere Führer, die leiten uns aus der Finsternis und Irrtum zum Licht. Sie führen uns ab von ungangbaren Wegen. Da wird Biegsamkeit, Folgeleistung zur Pflicht und selbst zur Dankbarkeit. Keiner wird sich also wei-gern, diesem zu folgen, der für sein Bestes arbeitet."

„Das Geheimnis der Illuminaten", kommentierte im Mai 2009 das *P.M.*-Magazin, „ist bei Licht besehen also eine brisante, hochwirksame Mischung aus sozialen Ideen, philosophischer Intelligenz, Konspiration – und purem Zynismus. Sie bedienen die Sehnsüchte des Menschen nach Eingebundensein in einen festen Rahmen und nach Erlösungswissen. Zu Recht zum Fürchten – damals wie heute!"

Wie furchteinflößend die Illuminaten waren oder immer noch sind, mag einmal dahingestellt bleiben. Tatsache ist, dass Weishaupt die Ordensmitglieder mit verborgenen Mysterien lockt und zugleich „jeden zum Spion des anderen" machen will.

Dank Knigges Popularität und seinem enormen Tatendrang steigt die Mitgliederzahl der Illuminaten auf zirka 700 bis 1400. Allerdings reagieren viele ältere und einflussreiche Persönlichkeiten der deutschen Spätaufklärung auch durchaus ablehnend auf die Anwerbungsversuche, genannt sei etwa Friedrich Schiller. Im günstigsten Fall schätzen Historiker die Illuminaten auf höchstens 2500 „edle, vornehme, gelehrte und wichtige Männer" (Knigge). Doch gar so „wichtig", wie Weishaupt und Knigge ihre Mannen wähnen, waren die Illuminaten wohl in Wahrheit nicht.

Mag sein, dass der Geheimbund an der Bewusstseinsbildung vieler deutscher Aufklärer vor der Französischen Revolution mitwirkt – eine echte Großoffensive indes scheitert nicht zuletzt an internen Zwistigkeiten und Eifersüchteleien, also an klassischer Vereinsmeierei. Der Bruch zwischen dem despotischen Weishaupt und dem demokratisch gesinnten Lebemann Knigge gipfelt 1784 im Austritt Knigges aus dem Orden.

Der Aufklärungs-Eiferer, stets auf der Suche nach Erkenntnis und Seelenheil, zeigt sich tief ernüchtert über die hinter ihm liegende Tragikomödie aus hehren Zielen, Machtphantasien und Realitätsverlust. Die Welt durch „geheime Gesellschaften" verändern zu wollen erscheint Knigge im Nachhinein bloß als eine „Mode-Torheit". Von da an vergeht nur noch ein Jahr bis zum Ende der Illuminaten.

Schon 1784 hat der bayerische Kurfürst Karl Theodor ein allgemeines Verbot aller ohne „landesherrliche Bestätigung" gegründeten „Communitäten, Gesellschaften und Verbindungen" erlassen. 1785 nennt ein Edikt die Illuminaten erstmals beim Namen und verbietet den Geheimbund als landesverräterisch und religionsfeindlich. Und vermutlich hätte kaum jemand je auch nur von der kurzen Existenz der „Illuminaten" erfahren, hätte der Kurfürst nicht die beschlagnahmte Ordenskorrespondenz drucken und veröffentlichen lassen. Adam Weishaupt verliert seine Professur an der Ingolstädter Universität. Er zieht sich zunächst nach Regensburg zurück, dann nach Gotha, wo ihm Herzog Ernst II. Zuflucht und Schutz gewährt.

Alle Versuche, ihn zu einer Wiederbelebung des Ordens zu bewegen, weist Weishaupt grundsätzlich zurück. Seine 1788 verfasste Rechtfertigungsschrift „Das verbesserte System der Illuminaten" gilt Experten als „ganz nutzlose Arbeit, die nur seine [Weishaupts] bleibende Liebhaberei für den Ordensgedanken beweist, und der er selbst einen praktischen Wert abspricht".

Die wahre Geschichte des Illuminatenordens währte also nicht einmal zehn Jahre. Nach den erhaltenen Quellen gibt es nach 1785 keinen eigentlichen Illuminatenbund mehr. Tatsache ist wohl, dass im Jahr 1896 oder 1897 der Dresdner Freimaurer und Okkult-Schriftsteller Leopold Engel sich an einer Neugründung des Illuminatenordens versuchte und 1925 gar den „Weltbund der Illuminaten" ausrief, der jedoch nach 1933 von den Nationalsozialisten aufgelöst wurde und nie mehr in Erscheinung trat.

Karriere haben die Illuminaten trotzdem gemacht: Sie sind die Stars und Lieblinge aller Verschwörungstheoretiker und gelten bis heute als eine Art allmächtige Schattenregierung und Drahtzieher des Weltgeschehens. Wie das?

Die Illuminatenhysterie ist eine unmittelbare Folge der Französischen Revolution, die vier Jahre nach der Zerschlagung des Ordens losbricht. Ein Ex-Jesuitenpater und Royalist namens

Abbé Augustin Barruel ist außerstande, auch nur im Ansatz nachzuvollziehen, wie sich das gemeine Volk gegen die gottgewollte Monarchie erheben kann. Also sucht er nach Ursachen – und glaubt sie schließlich in den Illuminaten und anderen Geheimbünden gefunden zu haben, denen er vorwirft, sie wollten „die Altäre umstürzen, die Throne untergraben, die Moral verderben", also die gesellschaftliche Ordnung komplett über den Haufen werfen.

Barruels monströse Verleumdungsschriften kursieren in ganz Europa mit großem Erfolg und schwappen auch über den Atlantik, in die gerade gegründeten Vereinigten Staaten von Amerika. Erzählungen dieser Art schufen eine Art Alternative zur offiziellen Geschichtsschreibung. Die Gründe dürften damals wie heute dieselben gewesen sein: Aus unverstandenen Ereignissen erwachsen unverarbeitete Gefühle. Verschwörungstheorien entstehen zumeist aus der Unfähigkeit, komplexe Abläufe zu verstehen. Oder verstehen zu wollen. Stattdessen sind einfache Antworten auf komplizierte Fragen und Zusammenhänge gefragt.

Anscheinend bilden die Illuminaten bis ins 21. Jahrhundert hinein eine gesichtslose und daher höchst willkommene Projektionsfläche für kollektive Ängste. Man kann ihm alles nachsagen und anhängen, ohne sich näher erklären zu müssen oder auf Widerspruch zu stoßen – diesem wohl wirkungslosesten, aber verschwörungstheoretisch gewiss wirkmächtigsten Geheimbund der westlichen Welt.[5]

Demnach kontrollieren die erleuchteten Finsterlinge nachgerade alles und jeden: „vom Internet über die Presse bis zur Politik und den EU-Gesetzen. Sogar das Klima, die Börse und den Kreis-Fußballclub. Geschätzter Personalbedarf: 300 000 Spezialisten in Vollzeit. Und das ist nur die Spitze des Eisbergs ..."[6]

Wohl aus diesem Grund ist das Anti-Illuminaten-Machwerk des schottischen Abbé-Barruel-Epigonen und Verschwörungsjägers John Robison von 1798 unlängst neu aufgelegt worden: „Über geheime Gesellschaften und deren Gefährlichkeit für Staat und Religion". Von einem Verlag katholischer Traditionalisten im Allgäu. Erklärtermaßen wegen des „hochaktuellen Bezugs zur heutigen Situation in der großen wie kleinen Welt".[7]

Auch der ehemalige US-Präsidentschaftskandidat Pat Robertson behauptete 1991 in seinem Buch „The New World Order", dass das Illuminatentum keineswegs ein vorübergehendes Phänomen gewesen sei und „die Prinzipien von Weishaupt, seine Jünger und sein Einfluss bis auf den heutigen Tag immer wieder von Neuem in Erscheinung treten". Und damit meinte der Gründer der rechten „Christian Coalition" gewiss nicht nur unterhaltsame Thriller wie Dan Browns „Illuminati" oder Rollenspiele wie „GURPS Illuminati". Ein Beweis dafür oder dagegen ist unmöglich.

Und so endet unser Ausflug zu den historischen bayerischen Illuminaten mit einem Zitat des Autors der Verschwörungs-Parodie „Illuminatus!", Robert Anton Wilson: „Die Geschichte von den Illuminati und den von ihnen angezettelten Verschwörungen liefert allen denen, die aus dem mentalen Gleichgewicht geraten sind, ein Jagdrevier, in dem sie sich austoben können."

Die Teilnehmer des 69-minütigen (dreimal 23 Minuten) Rundgangs stehen zum Schluss in der Fußgängerzone, vor einem alten Haus in der Theresienstraße mit der Nummer 23. Eine Gedenktafel an der Fassade weist auf den „Illuminatensaal" hin, der sich einst im Rückgebäude befunden haben soll. Also ist die „23" als illuminatisches Symbol doch historisch verbürgt? Mitnichten, erklärt „Aristoteles". Damals hieß die Adresse, wo wir uns gerade befinden, „Am Weinmarkt 289" und wurde erst sehr viel später umbenannt.

Ist das alles? Nun ja.

Eine – wahrscheinlich ganz unbedeutende – Fußnote hat der Verfasser dieses Buches exklusiv recherchiert: Aus dem Vereinsregister beim Amtsgericht der Stadt Ingolstadt geht unzweifelhaft hervor, dass dort heute noch ein „Ordo Illuminatorum. Illuminaten-Orden zu Ingolstadt" existiert. Nähere Angaben oder weitere Informationen – Fehlanzeige.

Wer mögen die Mitglieder sein? Und was mögen sie im Schilde führen? Was?

Anmerkungen

[1] Milchpreise: Die bizarren Verschwörungstheorien eines Bauern, *Welt-Online* am 2. Januar 2010
[2] Die geheime Welt der Illuminaten, *P.M.* Nr. 6/2009
[3] www.michael-klarner.com
[4] Illuminati: Guter Thriller, schlechte Recherche, *Welt-Online* am 12. Mai 2009
[5] Zit. nach: Warum die Illuminaten immer noch wirken, *Welt-Online* am 20. April 2009
[6] Zit. nach www.verschwoerung-von-illuminaten-bis-wtc.de/portal-illuminaten
[7] Robison, J. (1998): Über geheime Gesellschaften und deren Gefährlichkeit für Staat und Religion. Verlag Anton Schmid, Durach

Die One-Dollar-Verschwörung

Mit 14 Jahren bekommt der Computerfreak Karl Koch von seinem Vater das Buch „Illuminatus!" geschenkt. Der Illuminaten-Kult wird für den Gymnasiasten zu einer Art Religion. Während Karl immer tiefer in Verschwörungstheorien und weltweite Datennetze abtaucht, reagieren seine Freunde größtenteils mit Unverständnis auf Robert Anton Wilsons verwirrende Parodie – die nichts weiter ist als ein phantasievolles „Was wäre, wenn…"-Vexierspiel.

Die Idee dazu war Wilson und seinem Co-Autor Bob Shea während ihrer gemeinsamen Arbeit für das amerikanische Playboy-Magazin gekommen, wo sie mit zahllosen Leserbriefen voller paranoider Verschwörungstheorien konfrontiert wurden. Wie sähe unsere Welt wohl aus, wenn jeder einzelne Konspirationsmythos der Leserbriefschreiber wirklich wahr wäre?

Aus dieser Fragestellung entwickelten die beiden ihre vollkommen unseriöse und hoch spekulative, aber für Kenner der Materie vergnügliche „Illuminatus!"-Triologie – einen genreübergreifenden Mix aus Science-Fiction, Politthriller und modernem Märchen, von Fans liebevoll auch „Mindfuck" genannt.

Darin schildern sie, wie fünf „Illuminati Primi" den streng hierarchischen Geheimbund leiten und die Weltherrschaft ausüben. Der Roman löste wilde Spekulationen aus und inspirierte auch den Mysterythriller „Number 23" (2007) oder den deutschen Kino-Überraschungsfolg „23", der sich um den mysteriösen Tod des Hannoveraner Computerhackers Karl Koch rankt.

Drehbuchautor Michael Gutmann erinnert sich: „Karl Koch ist mit seinen Freunden in US-Computer eingebrochen und hat Daten an den KGB verkauft. Er war aber mehr als nur ein Hacker. Er wollte für die Wahrheit kämpfen und verehrte Wilsons Roman-Triologie *Illuminatus*. Als Pseudonym wählte er

Hagbard Celine, den Namen des Romanhelden, und wie dieser glaubte er, einem Komplott auf der Spur zu sein. Für Karl Koch war die Welt von Illuminaten beherrscht, und viele Ereignisse, von Tschernobyl bis zum Mord am schwedischen Ministerpräsident Olof Palme, deutete er als Zeichen der Verschwörung."[1]

Nicht so Karls Freunde. Daraufhin versucht der Cyberfreak, ihnen die Existenz der Illuminaten zu beweisen, indem er beispielsweise auf die amerikanische Dollarnote verweist: Nach seiner Überzeugung ist das Porträt von George Washington eigentlich das Konterfei Adam Weishaupts. Die Pyramide auf der Rückseite interpretiert er als Freimaurer-Symbol und Beleg für die Unterwanderung Amerikas durch die Illuminaten.

Und immer wieder stößt er auf die „23" – angeblich die magische Chiffre des Geheimbundes. Schließlich ist Karl Koch davon überzeugt, dass sein Verstand von den Illuminaten manipuliert wird und er unfreiwillig zum Werkzeug ihrer Machenschaften geworden ist.

Seine selbstzerstörerische Paranoia treibt ihn (23-jährig) in den Suizid. Er übergießt sich mit Benzin und zündet sich an. Keine Anzeichen für einen Mord. Nur der Bauer, der seine Leiche entdeckt, sagte: „Komisch, dass nur diese kleine Fläche im Wald gebrannt hat. Das Gehölz war sehr trocken. Normalerweise hätte der Wald Feuer fangen müssen."[2]

Nicht zuletzt Robert Anton Wilson selbst wird von Konspirationsfans immer wieder gezieh, einer der Anführer der Illuminaten-Bruderschaft zu sein, die vom 18. Jahrhundert bis in unsere Gegenwart hinein fortbestehe. Dass der Kultautor dem ebenso kundig wie vehement widerspricht – natürlich nur ein weiterer Beweis für die große Verschwörung. Oder?

„Von den 39 verschiedenen Theorien zu den Illuminaten, die in *Illuminatus* enthalten sind, mag eine der Wahrheit näher kommen als die anderen 38", sagt Wilson. „Doch meine eigene diesbezügliche Meinung scheint nicht mehr Geltung zu besitzen als die von jedermann sonst. Ich will nicht, dass meine Leser meine Vermutungen schlucken. Ich will, dass sie für sich selbst denken."[3]

Versuchen wir's.

Also, Punkt eins: Die amerikanische Ein-Dollar-Note ist für die Anhänger der Illuminaten-Weltverschwörung der Beweis dafür, dass der Geheimorden als allmächtige Schattenregierung auch heute noch existiert.

Das ist eigentlich nicht sehr verwunderlich, gilt der Ein-Dollar-Schein doch ohnehin als Kapitalismus-Symbol (und damit für „das Böse" schlechthin). Ganz konkret aber macht sich dieser typische Kick in der Zwielichtzone des Verschwörungsdenkens an folgenden Punkten fest:

Die Behauptung: Auf der Vorderseite des Geldscheins prangt das Porträt George Washingtons. Falsch – behaupten Konspirologen. In Wahrheit handele es sich um den Illuminaten-Chef Adam Weishaupt. Denn Washington sei während seiner Amtszeit ermordet und planvoll durch Weishaupt ersetzt worden, der nach Amerika geflohen war. Ein weiterer Beweis für diese These: Sowohl die Gründung der Illuminaten als auch die amerikanische Unabhängigkeitserklärung und damit die Geburtsstunde der USA datieren auf das Jahr 1776.

Was ist dran? Auf repräsentativen zeitgenössischen Gemälden von George Washington und Adam Weishaupt ist auch bei gutwilliger Betrachtung kaum eine Ähnlichkeit der beiden Personen zu erkennen, und schon gar keine „verblüffende", wie Verschwörungsfans behaupten.

Dafür lässt sich das Washington-Konterfei auf der Dollarnote recht eindeutig auf die Arbeiten des Bildnis-Chronisten Gilbert Stuart zurückführen, der 1795 und 1796 einige Porträts des ersten US-Präsidenten malte. Das bekannteste davon ist im Museum of Fine Arts in Boston zu sehen. Außerdem war der Illuminatenorden anno 1776 noch wenig mehr als eine harmlosverstiegene Idee ohne nennenswerten Organisationsgrad.

Die Behauptung: Die Pyramide auf der Rückseite der Dollarnote (als Teil des großen Staatssiegels der USA = „The Great Seal"), die aus 13 Stufen besteht und deren Spitze ein Dreieck mit einem strahlenden Auge bildet, entspreche genau dem Siegel des Weishaupt'schen Illuminatenordens.

Was ist dran? Zum einen gibt es keine Belege dafür, dass die Illuminaten besondere Symbole verwendeten – außer der Eule der Minerva, der römischen Göttin der Weisheit. Wer also dem ehemaligen Ingolstädter Geheimbund erstmals die Pyramide als „Siegel" zuschrieb und aus welchen Gründen, ist nicht nachvollziehbar.

Naheliegend scheint auf den ersten Blick ein Zusammenhang mit freimaurerischen Einflüssen. Und historische Tatsache ist, dass die Mitglieder des Illuminatenordens zu rund einem Drittel auch Freimaurer waren. Aber: Illuminaten und Freimaurer sind nicht gleichzusetzen.

Ebenso wie die Freimaurer wandten sich die Illuminaten den freiheitlichen Idealen der Aufklärung zu. Allerdings war die Illuminaten-Gründung 1776 eine Art Rebound-Effekt zu dem weitreichenden dogmatischen Einfluss der Jesuiten, vor allem an den Hochschulen. Die „Erleuchteten" um Adam Weishaupt hatten eine eindeutig antiklerikale Struktur und ein politisches Ziel: den Absolutismus zu überwinden oder zumindest mit liberalen Ideen zu durchwirken. Das sind zwei Elemente, die sie von den Alten Pflichten der Freimaurerei von 1723 deutlich unterscheiden. Denn die Freimaurer als Organisation machen keine Politik und verstehen sich auch nicht als Alternative zu einer Kirche oder Religion.

Und selbst wenn es so wäre: Die Pyramide an sich ist auch kein maurerisches Symbol – sondern nur das gleichseitige Dreieck, welches ein wesentliches Konstruktionselement vieler Kultbauten darstellt. Dass die Pyramide immer wieder mit der Freimaurerei in Verbindung gebracht wird, hat eher legendenhafte Gründe. Da werden dann zum Beispiel die Steinmetze im alten

Ägypten kurzerhand zu freimaurerischen Vorfahren erklärt, unter anderem deswegen, weil sie die ersten Mysterienbünde gegründet hätten. Das ist aber weit hergeholt und historisch nicht belegbar.

Was hingegen belegbar ist: In der allseits anerkannten und fundiertesten Sammlung von Freimaurer-Symbolik taucht die Pyramide gar nicht auf – im „Vergleichenden Handbuch der Symbolik der Freimaurerei mit besonderer Rücksicht auf die Mythologien und Mysterien des Altertums" aus dem Jahr 1863.

Fairerweise muss man dazu sagen, dass heute manche Freimaurer selbst recht großzügig sind, wenn es um das Entdecken von Freimaurer-Symbolen geht. So soll etwa die Toblerone-Schokolade dreieckig sein, weil der Firmengründer Theodor Tobler Freimaurer war (Letzteres stimmt). Das macht es Gegnern der Freimaurerei natürlich leicht, in praktisch jedem Firmenlogo einen Beweis für die Weltverschwörung zu entdecken.

Aber zurück zur Dollarnote: Tatsache ist, dass das „Allsehende Auge" als Abschlussstein einer Pyramide in der zweiten Hälfte des 18. Jahrhunderts ein freimaurerisches Symbol war. Nachweisbar ist auch, dass von den Politikern, die 1782 im US-Kongress das Staatssiegel festlegten, Benjamin Franklin sowohl einer Freimaurerloge als auch den Rosenkreuzern angehörte. Allerdings ist das dreieckige „Allsehende Auge" mitnichten von den Freimaurern erfunden worden, sondern es handelt sich dabei um ein uraltes christliches Symbol für die göttliche Dreifaltigkeit, das oft in Kirchen zu sehen ist (zum Beispiel am Aachener Dom).

Die offizielle Lesart der Ein-Dollar-Symbolik ist denn auch eine ganz andere: Die Pyramide sei ein Sinnbild der Stärke und Beständigkeit, allerdings nicht vollständig – der Schlussstein, die Spitze, fehlt noch. Dies sei ein Zeichen dafür, dass die Vereinigten Staaten noch im Begriff seien, zu wachsen und noch größer zu werden.

Unter dem Auge Gottes sollen geistige Entfaltungsmöglichkeit, Bildung und Freiheit der Wissenschaft gewährleistet sein. Die 13 Stufen der Pyramide entsprechen nicht den verschiedenen Rängen innerhalb des Illuminatenordens beziehungsweise den Stufen der Erleuchtung, sondern der Anzahl der Kolonien, die am 4. Juli 1776 ihre Unabhängigkeit von Großbritannien erklärten und damit den Grundstein für den neuen Staatenbund legten. Darauf weist auch die römische Jahresangabe „MDCCLXXVI" (= 1776) am Fuß der Pyramide hin.

Die Behauptung: Das Spruchband unter der Pyramide „Novus Ordo Seclorum" („Neue Weltordnung") bekräftige die Absicht der Illuminaten, durch Unterwanderung aller wichtigen Machtzentren die Weltherrschaft zu erlangen.

Was ist dran? „Novus Ordo Seclorum" heißt übersetzt mitnichten „Neue Weltordnung", sondern „Neue Ordnung der Zeiten".

Dieses Motto geht zurück auf den römischen Dichter Vergil, der in seiner berühmten 4. Ekloge (zirka 40 v. Chr.) die „Geburt eines neuen Weltenjahres" ausrief. Auch die Gründer der Vereinigten Staaten von Amerika sahen 1776 ein neues Zeitalter anbrechen: Eine Ära, in der die Menschenrechte „Life, Liberty and the Pursuit of Happiness" verwirklicht werden sollten. Schon seit Beginn der Kolonisation Amerikas war der Gedanke bestimmend gewesen, in der „Neuen Welt" eine vorbildliche religiöse, politische und gesellschaftliche Ordnung zu schaffen.[4]

Was zerfraß dem Illuminaten-Fan Karl Koch den Verstand außer der Ein-Dollar-Schein-Symbolik? Die Zahl 23, mithin also unser Punkt zwei.

Begreiflich, dass Robert Anton Wilson in seinem nachgeschobenen „Lexikon der Verschwörungstheorien"[5] dem „23-Rätsel" einen ganzen Eintrag gewidmet hat. Allerdings in der erklärten Absicht aufzuzeigen, „wie viel Merkwürdigkeit man dem Zufall in die Schuhe schieben kann, bevor es anfängt, hohl zu klingen und man den rutschigen solipsistischen[6] Abhang hinabschlittert. Dorthin, wo man finstere Absichten hinter allem und jedem sieht."

Als Beispiele zählt der „Illuminatus!"-Autor unter anderem auf:

– Der Buchstabe W ist der 23. im Alphabet und hat zwei Spitzen, die nach unten zeigen und drei, die nach oben zeigen.
– Das Amtsenthebungsverfahren gegen Richard Nixon fand gemäß Artikel 2, Absatz 3 der US-Verfassung statt.
– Die Vereinigten Staaten zündeten 23 Atombomben über dem Bikini-Atoll im Pazifik.
– Die erste Primzahl, in der beide Ziffern Primzahlen sind und eine weitere Primzahl ergeben, ist 23.
– Die Adresse der Freimaurerloge in Stafford, England, ist 23 Jaol Road. In New York City ist sie in der 23. Straße.

Dass die 23 auch als „magische Zahl" der Illuminaten gilt, ist indes nicht mehr als ein Trivial-Mythos aus Wilsons Roman-Trilogie. Als eigentlicher Erfinder der 23-Manie gilt der 1997 gestorbene Ex-*Playboy*-Redakteur und Autor William S. Burroughs („Naked Lunch"), der in seiner Kurzgeschichte „23 Skidoo" erstmals die unschuldige Zahl mystifizierte.

Wie kam der Pop-Literat darauf? Angeblich durch einen kuriosen Vorfall. Burroughs lernte 1959 in der marokkanischen Hafenstadt Tanger einen Kapitän Clark kennen, der die Fähre von Tanger nach Spanien schipperte. Eines Abends erzählte Clark, dass er sich nun schon 23 Jahre lang unfallfrei auf dem Wasser bewege. Am selben Abend sank das Schiff. Clark kam dabei ums Leben. Am gleichen Abend soll Burroughs angeblich in den Radionachrichten vom Absturz eines Flugzeugs mit der Nummer 23 in Florida gehört haben – geflogen von einem Captain Clarke.[7]

Seltsam? Erschreckend? Bizarr?

Geht so. In dem Wissenschaftsblog Plazeboalarm[8] schilderte der Journalist Marcus Anhäuser im Sommer 2009 folgendes mysteriöses Erlebnis:

„Gerade eben, ein mystischer Moment, bei dem ich mir noch nicht sicher bin, ob und was er bedeutet.

Ich zu meiner Frau: ‚Ich habe hier heute Kartoffelsuppe gegessen, allerdings aus der Dose.' Sie zu mir: ‚Ach guck an, ich auch. In der Kantine gab es heute auch Kartoffelsuppe.' Tochter zu uns beiden: ‚Im Kindergarten auch. Da gab es auch Kartoffelsuppe, mit Würstchen.'

Kann das Zufall sein? Es gibt wahrscheinlich unendlich viele Speisen, die man essen könnte. Und wir drei essen heute an völlig unterschiedlichen Orten genau das gleiche Gericht: Kartoffelsuppe."

Kurze Zeit später tauchte ein Update unter Anhäusers Beitrag „Das Kartoffelsuppen-Mysterium" auf: „Meine Frau erzählte mir gestern (ich war eine Woche in London, Konferenz), dass mein Sohn in der Krippe ebenfalls Kartoffelsuppe gegessen hat. Zufälle gibt's … Der aber in diesem Fall keiner ist, denn: Krippe und Kindergarten (da is[s]t meine Tochter) haben denselben Zulieferer."

Nein, wir machen uns nicht lustig über Zahlenmystiker und verschwörungsbewegte Code-Knacker. Ganz bestimmt nicht.

Anmerkungen

[1] Zit. nach *Jetzt-Magazin* – Beilage der Süddeutschen Zeitung. Datum und Ausgabe unbekannt

[2] Zit. nach *Jetzt-Magazin* – Beilage der Süddeutschen Zeitung. Datum und Ausgabe unbekannt

[3] Wilson, Robert A. (2005): „Die Fröhlichen leben in einem fröhlichen Universum, die Traurigen in einem traurigen." In: Burstein, D. (Hrsg.): Die geheime Bruderschaft – Dan Browns „Illuminati" entschlüsselt. Goldmann, München.

[4] Callahan, T. (1998): Das Ende der Welt und die Neue Weltordnung. In: Shermer, M./Maidhof-Christig, B./Traynor, L. (Hrsg.): Endzeit taumel. Propheten, Prognosen, Propaganda. Alibri-Verlag, Aschaffenburg.

[5] Wilson, R. A. (2000): Das Lexikon der Verschwörungstheorien. Eichborn, Frankfurt a. M.

[6] Solipsismus meint einen erkenntnistheoretischen Standpunkt, nach dem nur das eigene Ich wirklich sei.

[7] Zit. nach „Erfolgreiche Verschwörungstheorien" bei http://einestages.spiegel.de

[8] http://www.scienceblogs.de/plazeboalarm/

Die Vitamin-Verschwörung

.

Zugegeben: Vitamin C hat schon einmal eine entscheidende Rolle bei einer Verschwörung gespielt – an der womöglich nicht nur das Schicksal beteiligt war.

Wir reden vom Jahr 1954, genauer gesagt dem WM-Finale. Als die deutsche Fußball-Nationalmannschaft sensationell gegen den haushohen Favoriten Ungarn obsiegte. Gleichwohl es in der Vorrunde gegen denselben Gegner eine derbe 3:8-Niederlage gesetzt hatte.

Wie war diese unglaubliche Leistungssteigerung möglich? Konnte das noch mit rechten Dingen zugegangen sein?

Wer weiß. Und wenn die Fußball-Gemeinde erst mal eine Verschwörung wittert, macht sie vor nichts mehr Halt. Entscheidende Tore, Medienberichte, schlechte Schiris – fast jedes Spiel liefert mehr als genug Material für Leute, die überall Strippenzieher und Betrüger sehen.[1] Umso mehr das sagenumwobene „Wunder von Bern".

Doping, raunte vor ein paar Jahren ein TV-Magazin. Und wirklich: In der Halbzeitpause des Endspiels wurden Helmut Rahn, Fritz Walter und Kollegen Spritzen gesetzt. Nur Vitamin C, beteuerte der damalige Mannschaftsarzt Professor Franz Loogen.[2] Sonst nichts.

Sonst nichts? Was soll das denn heißen?

Während die meisten Mediziner und Wissenschaftler schon froh wären, wenn ihnen der Nachweis gelänge, dass Vitaminpräparate schwere Erkrankungen wie Herzinfarkte oder Krebs wenigstens um ein paar Jahre aufschieben können, gibt es einen, der solchen Produkten fast magische Wirkung zuschreibt. Inklusive eines Marketingkonzepts mit integrierter Böse-Mächte-Verschwörungstheorie.

Aber gehen wir der Reihe nach.

Für die Hausärztin der Mutter des Verfassers dieses Buches war der Mann schlicht „ein Heiliger". Infolgedessen schwatzte die studierte Medizinerin auch ihr regelmäßig „Dr. Raths Zellvitalstoffe" auf. Gegen alles Mögliche. Arteriosklerose etwa. Oder Osteoporose. Erstaunlich, wie leichtgläubig ausgerechnet Ärzte mitunter sind.

Am ehesten ins Grübeln bringt man Rath-Fans übrigens nicht mit sinnlosen Verweisen auf Studien oder Inhaltsdeklarationen. Sondern mit der schlichten Frage, was eigentlich des Doktors recht massiges Haupt mit dem weißen Haar auf seinen Plastikdöschen zu suchen hat! Oder kennt jemand ein Kopfwehmittel mit dem zufrieden dreinblickenden Konterfei des Herstellers drauf?

Gestorben ist die Mutter des Autors am Ende trotz der vielen Wundervitamine. Was einigermaßen befremdlich anmutet. Denn nach der Gebrauchslyrik aus den PR-Schreibstuben des vorgeblichen Gesundheitsapostels sollen die Pillen wohl eine ähnliche Wirkung entfalten wie jener geheimnisvolle Zellaktivator, dem Weltraumheld Perry Rhodan die relative Unsterblichkeit verdankt.

Und doch – oder gerade deswegen: „Keine Heilslehre ist so bescheuert, als dass sie nicht haufenweise Anhänger finden könnte", meldet sich wenigstens der Facharzt für Gynäkologie Prof. Bernd Kleine-Gunk von der EuromedClinic Fürth mit einer kritischen Würdigung der Causa Matthias Rath zu Wort.

Noch höher dosiert als Raths Vitaminpräparate sei dessen Sendungsbewusstsein: „Alle Volkskrankheiten auf einen Schlag zu heilen, reicht Rath schon lange nicht mehr aus", schreibt Prof. Kleine-Gunk.[3] „Jetzt müssen auch noch Institute für den Weltfrieden her. Dabei ist seine Theorie, wie der Irak-Krieg durch Vitamine hätte verhindert werden können, so hanebüchen, dass man sie nicht wiedergeben kann."

Krieg? Vitamine? Doktor wer? Sind wir hier im falschen Film?

Durchaus nicht.

Ein „Pharma-Kartell" sei angetreten, „den Gesundheits- und Lebensinteressen der gesamten Menschheit den Krieg" zu erklären. Es fördere den Verkauf teurer und schädlicher synthetischer Arzneimittel und versuche gleichzeitig, Vitaminpräparate weltweit zu verbieten, da diese auf natürliche Weise Herz-Kreislauf-Erkrankungen und andere Volkskrankheiten verhindern könnten.

So lautet kurz gefasst die These des gebürtigen Schwaben Dr. Matthias Rath, der aus den Niederlanden hoch dosierte Vitaminpillen per Post vertreibt. In der Tat sind Dr. Raths Produkte in Deutschland „nicht verkehrsfähig", dürfen also nicht verkauft werden. Als Nahrungsergänzungsmittel gehen sie nicht durch, weil sie ein Vielfaches der von der Deutschen Gesellschaft für Ernährung (DGE) empfohlenen Vitaminmenge enthalten. Damit gelten die Präparate in Deutschland als zulassungspflichtige Arzneimittel.

Allerdings hat Dr. Rath Probleme, die von ihm behauptete gesundheitliche Wirkung (und die Ungefährlichkeit) seiner Mega-Dosen wissenschaftlich einwandfrei zu beweisen. Mithin kann es nach deutschem Recht auch keine Zulassung dafür geben. Eine Verschwörung? Wohl kaum, denn der Internethandel ist von keiner Verschwörer-Clique der Welt zu kontrollieren. Juristisch wirksam eingreifen könnten die Behörden nur, wenn jemand in Deutschland mit den Pillen aus unserem Nachbarland Zwischenhandel triebe.

Auf Werbeplakaten und bei öffentlichen Vorträgen stilisiert sich Dr. Rath zum Kämpfer für eine Welt ohne Herzinfarkte, Krebs, Knochenschwund und vieles mehr. Eine große deutsche Tageszeitung wusste von einem Rath-Auftritt in der Bundeshauptstadt Folgendes zu berichten:

„Nicht für jeden ist Dr. Raths Heilsbotschaft auf Anhieb zu entwirren, aber die allermeisten hier im Tempodrom kennen die Lehre schon am Schnürchen. Sie geht etwa so, wie dieser Tage auch wieder in ganzseitigen Zeitungsanzeigen zu lesen ist: Dr. Rath ist der Galileo unserer Zeit. Wir stehen an einer Zeitenwende, und wenn erst alle an Dr. Rath glauben, wird die Welt zum Paradies …

Aber Dr. Rath hat Feinde, mächtige Feinde …, weil er den Konzernen mit seinen billigen Vitaminen das ‚milliardenschwere Geschäft mit der Krankheit‘ verderben könnte. ‚Die pharmazeutische Industrie war nicht nur der größte Nutznießer des Irak-Kriegs‘ heißt es in einer Zeitungsanzeige Raths. Der Krieg habe auch dazu gedient, von der brutalen Unterdrückung ‚einer der größten Entdeckungen in der Geschichte der Medizin‘ abzulenken, dass nämlich Herzkrankheiten mit ‚natürlichen Mitteln‘ zu heilen seien.

‚Ist die Pharma-Industrie eine Terror-Organisation?‘, fragt Rath in Berlin und muss die Antwort nicht mehr geben. Rath, der David gegen den Goliath, hat die ‚Verschwörung von Pharma-Macht und politischer Macht‘ auch in ‚der berühmtesten Zeitung der Welt‘, der *New York Times,* aufgedeckt. ‚Die haben's gedruckt‘, sagt er seinem Berliner Publikum. Dass es sich bei der Enthüllung in der *New York Times* um eine Anzeige Raths handelte, geht im Berliner Vortragsgetöse unter.

Als er an anderer Stelle auf den ‚Unsinn‘ kommt, der in den Zeitungen über Vitamine zu lesen sei, sagt er: ‚Es wird die Zeit kommen, in der Journalisten nicht mehr ungestraft solches Zeug schreiben können.‘“[4]

Was für „Zeug“?

Dass zum Beispiel Vitamin-D-Mangel nach neuesten Erkenntnissen durchaus ein eigenständiger Risikofaktor für zahlreiche Zivilisationskrankheiten ist? Und dass die Zufuhrempfehlungen der DGE deutlich unter einem gesundheitlich wünschenswerten Vitamin-D-Status liegen? Dem liegen indes gesicherte Resultate zugrunde, die in Fachzeitschriften zur Diskussion gestellt werden.[5]

Und das ist der Unterschied zu den egozentrischen Rath'schen Veröffentlichungen wie etwa „Warum kennen Tiere keinen Herzinfarkt … aber wir Menschen“. In diesem Buch lesen wir unter anderem, dass der amerikanische Grizzlybär nicht an

Herzinfarkt sterbe, weil er viele Vitamine zu sich nehme. Das ist Unsinn vom Schlage der Haiknorpel-Reklame, die – fälschlicherweise – behauptet, dass Haie keinen Krebs bekommen können. Doch, können sie.

Und mit dem Grizzly verhält es sich folgendermaßen: Anders als wir Menschen haben die meisten Säugetiere einen bedeutenden anatomischen Vorteil – ihre Arterien, die das Herzgewebe versorgen, weisen untereinander Verbindungen auf, sogenannte Kollateralen. Wir hingegen verfügen lediglich über Endarterien. Und das bedeutet: Ein Gefäßverschluss führt zu einer akuten Minderversorgung des Gewebes, was im schlimmsten Fall zum Herzversagen führen kann. Beim Grizzlybären ist das ganz anders: Verstopft ein Blutgerinnsel ein Herzkranzgefäß, wird das Versorgungsgebiet einfach durch die Querverbindung einer anderen Arterie durchblutet. Mit solchen „und anderen Fehlinformationen leitet Rath den leichtgläubigen Vitaminkunden in die Irre".[6]

Und nicht nur das: „Make Health, not War – Ohne Vitamine gibt es keinen Frieden in der Welt" titelte die *tageszeitung*[7] in bekannt ironischer Manier zu Dr. Rath und seinen Thesen. Wieso das denn? Nun, weil Dr. Rath sich immer mal wieder gerne in Weltkriegs-Phantastereien ergeht:

„In der Vergangenheit habe ich immer wieder davor gewarnt, dass Bush, Blair, Merkel und die anderen Polit-Marionetten des Pharma-Kartells diesen Weltkrieg so dringend brauchen, wie Ertrinkende einen Ast. Nur im Windschatten eines solchen globalen Schreckens lassen sich die Notstands- und Ermächtigungsgesetze umsetzen, die das Pharma-Kartell zu seinem Überleben braucht. Das langfristige Ziel dieses Krieges ist die Errichtung einer weltweiten Diktatur des Pharma-Kartells …

Nachdem sich alle großen Volkskrankheiten einschließlich Herz-Kreislauf-Erkrankungen, Krebs und sogar AIDS als weitgehend verhinderbar herausstellten und nachdem fest steht, dass es diese Volkskrankheiten nur solange gibt, wie das Pharma-Kartell Milliardengeschäfte mit diesen Krankheiten macht, ist die ganze Menschheit aufgewacht … Nur durch die Errichtung einer Diktatur, die diese skrupellosen Wirtschaftsinteressen gegen die Gesundheitsinteressen von sechs Milliarden Menschen mit diktatorischer Gewalt schützt, kann das größte Betrugs-Geschäft in der Menschheitsgeschichte noch fortgesetzt werden."[8]

Was soll man dazu sagen? Also jetzt mal abgesehen von dem offenkundigen Widerspruch, die gesamte Pharmaindustrie mit eigenen, angeblich neuartigen Pillen infrage zu stellen – und das mit einer Art Strukturvertrieb, um den vermutlich jeder Pharma-Riese Herrn Dr. Rath beneidet: Was könnte tatsächlich dran sein an dem Gerücht, man habe längst ein Mittel etwa gegen Krebs – oder gegen andere schwere Krankheiten – entdeckt?

Vielleicht fragen wir uns zunächst einmal, wer „man" ist und wie jemand so hartherzig sein könnte, eine Behandlungsmöglichkeit für tödliche Krankheiten zu verheimlichen. Und wie umfassend so eine Verschwörung des Schweigens sein müsste, um erfolgreich sein.

Etwas umständlich antwortet hierauf der Neurologe Steven Novella von der renommierten Yale University School of Medicine: „Der größte Mangel jeder Theorie, die eine Verschwörung des medizinischen Establishments postuliert, ist die Tatsache, dass dieses medizinische Establishment in Wirklichkeit keine zusammenhängende Einheit ist."[9]

Was Novella damit zum Ausdruck bringen will: Der Gesundheitsmarkt besteht aus Ärzten, Pflegekräften und anderem medizinischen Personal, Versicherungsgesellschaften, Verbraucherorganisationen, Universitäten, Regierungsbehörden, Krankenhäusern, privaten Anbietern, Berufsverbänden, pharmazeutischen Konzernen und anderen Industrieverbänden. Die meisten dieser Gruppen sind unabhängig und verfolgen unterschiedliche Ziele in diversen Bereichen des Gesundheitswesens.

Greifen wir exemplarisch die Ärzte heraus, die in der medizinischen Forschung arbeiten: „Wenn sie Ergebnisse haben, die die Wirksamkeit einer neuen Krebstherapie belegen, erlangen sie wissenschaftlichen Ruhm und Vermögen durch die Veröffentlichung ihrer Daten", erklärt Novella, der auch den Blog „Science-Based Medicine"[10] mit verantwortet: „Wenn ihnen ein derartig großer Durchbruch gelingt, machen sie Karriere, weitere finanzielle Unterstützung ist gesichert, sie werden an der Universität gefördert, erhalten wahrscheinlich ihr eigenes Labor und werden Anwärter für den Nobelpreis in Medizin.

Sie werden überschüttet mit beruflichen Ehren und Ruhm, Karrierechancen und mehr Geld. Selbst wenn man einem Wissenschaftler, der ein Heilmittel für Krebs entdeckt, rein selbstsüchtige und geldgierige Motive unterstellen würde, kann er nur alles gewinnen und nichts verlieren, wenn er mit der Information an die Öffentlichkeit geht."

Und „Big Pharma"? Würde die Industrie einfach ein neues Medikament zurückhalten, das ihre bisherigen bedroht? Nein, glaubt Novella; „Dieses Argument ist nicht wasserdicht. Pharmakonzerne suchen immer nach neuen Medikamenten, weil die auf dem Markt befindlichen Präparate lediglich zeitlich befristete Patente haben. Daher wird jeder Konzern an einem Patent, das zur Heilung führt oder eine wirksame Behandlung darstellt, Milliarden verdienen, selbst wenn er seine alten Präparate nicht mehr verkaufen könnte."

Und einen wichtigen Punkt sollte man vielleicht ebenfalls nicht ganz außer Acht lassen: Ärzte, Wissenschaftler und sogar Vorstandsmitglieder von Pharmakonzernen haben selbst eine Familie und geliebte Menschen. Krebs steht an zweiter Stelle der Todesursachen, Herz-Kreislauf-Erkrankungen an erster. Ausnahmslos jeder, der in eine theoretisch denkbare Verschwörung zur Unterdrückung eines Heilmittels gegen Krebs verwickelt wäre, kann eines Tages selbst Krebs bekommen.

„Statistische Daten sprechen dafür, dass wahrscheinlich eine ihnen nahe stehende Person zu Lebzeiten ein Opfer von Krebs wird", rechnet Novella vor. „Man kann sich kaum vorstellen, dass jemand so kurzsichtig, habgierig und bösartig ist und einen geliebten Menschen oder sich selbst zu einem vorzeitigen Tod durch Krebs verurteilt, egal was er dadurch möglicherweise gewinnen könnte."

Mit anderen Worten: In eine solche Verschwörung wären viel zu viele Personen eingebunden. Niemand würde einen eindeutigen Gewinn daraus ziehen.

Wer indes aus diversen Verschwörungs*theorien* Gewinn zieht, weiß kaum einer besser als der englische Arzt und Medizinpublizist Ben Goldacre – der jedweder Konspiration vollkommen unverdächtig scheint. Denn seine Work-Life-Balance besteht darin, es sich gleichmäßig mit allen zu verderben.

Könnte es sein, dass die Pharmaindustrie in böser Absicht Daten verfälscht? Aber ja, weiß der prominente *Guardian*-Kolumnist. „Pharmaunternehmen machen einige furchtbare Dinge. Sie halten Beweise zurück, sie verstecken missliebige Daten, sie führen Ärzte in die Irre darüber, welche Therapien gut sind und welche nicht. Viele Menschen haben ein ungutes Gefühl angesichts der ungeheuren Macht der multinationalen Arzneimittelkonzerne."[11]

Also sind die Zweifler, die Desillusionisten, die Parapolitiker die Guten?

Woher denn, winkt Goldacre ab. „Viele Menschen entwickeln eine kindische Haltung: Die Pharmaindustrie ist böse, also lasse ich mein Kind nicht impfen. Die Pharmaindustrie ist böse, deshalb nimm lieber Vitaminpillen oder geh zum Homöopathen. Nur weil Big Pharma böse ist, heißt das noch nicht, dass Zuckerpillen wirken. Die Alternativmediziner haben die gleichen Methoden. Das ist das wahre Verbrechen dieser Quacksalber: Sie tun so, als ob sie Rebellen sind – und in Wirklichkeit sind sie Geschäftsleute, die versuchen, ihr Zeug zu verkaufen.[12]

Das ist vermutlich richtig – aber offenbar funktioniert die moderne Medizin inzwischen so zuverlässig, dass immer mehr Leute unheilbare Krankheiten als etwas so Unerhörtes verstehen, dass da nur eine große Verschwörung dahinterstecken kann.[13]

Und das bringt uns wieder zurück zu Dr. Rath.

Auch wenn Rath-Fans in der Öffentlichkeit gerne schwadronieren, dass jeder, der Kritik an dem Vitamin-Guerillero übt, eine Schachfigur der Pharmakonzerne sei, „sollten sie sich im Privaten doch vor Augen führen, dass ich, wie viele meines Alters, die im öffentlichen Bereich tätig sind, nicht im Besitz einer Immobilie bin", führt Goldacre aus.[14]

Das ist insofern von Relevanz, als der Arzt und Autor von Rath verklagt worden ist. „Der *Guardian* war so großzügig, meine Anwaltskosten zu übernehmen, und im September 2008 ließ Rath dann die Anklage fallen, die mich mehr als 500 000 Pfund gekostet hatte." Es ging bei dem Verfahren um Raths aberwitzige Initiative, auf dem afrikanischen Kontinent angeblich „toxische" Aids-Medikamente durch eine Multivitaminbehandlung zu ersetzen.

„Er betrieb mit einzelnen Patienten Werbung, um die Wirksamkeit seiner Wunderpillen zu belegen", recherchierte Goldacre. „In Wahrheit sind einige seiner berühmtesten Erfolgsgeschichten an Aids gestorben."

Goldacres Notizen, Quellen und Zeugenaussagen ergeben einen Stapel, der fast das Körpermaß von Rath selbst erreicht.[15] Irgendetwas, das für die wilden Verschwörungstheorien des Dr. Matthias Rath sprechen würde, ist nicht darin zu finden.

Anmerkungen

[1] Vgl. z.B. „Verschwörungstheorien im Fußball, *Spiegel-Online* am 23. November 2009

[2] Zit. nach: „Helden von Bern sind empört", *Hamburger Abendblatt* vom 1. April 2004

[3] Kleine-Gunk, B. (2007): Warum haben Frauen eigentlich Brüste? Urban & Vogel, München

[4] Dr. Rath gegen Goliath, *Frankfurter Allgemeine Zeitung* vom 10. Oktober 2003

[5] Vgl. z. B. „Das Multi-Vitamin" in *Labor & Werte* Nr. 4/2009. Im Internet: www.synlab.de

[6] Zit. nach www.esowatch.com, Stichwort Orthomolekulare Medizin

[7] Der Vitamin-Friedenscocktail des Dr. Rath, *taz* vom 6. Januar 2004

[8] Zit. nach http://www.transgallaxys.com/~kanzlerzwo/showtopic.php?threadid=1249

[9] Novella, S. (2000): Was Ihr Arzt Ihnen nicht erzählen wird. In: Shermer, M./Traynor, L.: Heilungsversprechen. Alibri, Aschaffenburg

[10] www.sciencebasedmedicine.org

[11] „Die Patienten sind verwirrt", *Frankfurter Rundschau* vom 2. April 2010

[12] Wieso Homöopathen nicht besser als Pharmakonzerne sind, *Stern-Online* am 1. Februar 2010

[13] Zit. nach www.wissensblogs.de/wblogs/blog/fischblog/

[14] Goldacre, B. (2010): Die Wissenschaftslüge. S. Fischer, Frankfurt

[15] www.badscience.net/2009/04/matthias-rath-steal-this-chapter/

Die Jedi-Krieger-Verschwörung

Sie hatten keinen Zugang zur Kaffeekasse der amerikanischen Armee. Sie mussten ihren eigenen Kaffee zur Arbeit mitbringen. Darüber ärgerten sie sich immer mehr.

Sie – das waren die „Psi-Spione des Pentagons". Die „Parapsychologischen". Oder auch „Die „Jedi-Krieger". Denn was, außer einem der erfolgreichsten Filmprojekte aller Zeiten, hätte dermaßen obskure Ideen in militärischen Kreisen salonfähig machen können?[1] Und doch änderten all diese schillernden Bezeichnungen nichts an der Tatsache, dass das Team als Folge seiner offiziellen Nichtexistenz über kein Kaffeebudget verfügte, erzählt der englische Enthüllungsjournalist Jon Ronson in seinem Bestseller „Durch die Wand": „Ein Umstand, den sie alle übelnahmen. Sie wurden langsam verrückt."[2]

Koffeinmangel als limitierender Faktor?

Für eine Truppe, die dafür trainiert wurde, „durch Objekte, beispielsweise Wände, zu schreiten, mit ihrem Geist Metall zu verbiegen, über Feuer zu gehen, schneller zu rechnen als ein Computer, ihr Herz anzuhalten, ohne Schaden zu nehmen, in die Zukunft zu sehen, außerkörperliche Erfahrungen zu machen"?

So jedenfalls steht es im berüchtigten „First Earth Battalion Operation Manual"[3] des militärisch-parapsychologischen Komplexes zu lesen. Die Aufgabe der streng geheimen Sondereinheit: Gedankenkraft statt Granaten. Eine Art übersinnliche Kriegsführung. Die militärische Nutzbarmachung paranormaler Phänomene wie Hellsehen oder Gedankenübertragung. Eine andere Form des bewaffneten Konflikts. So ähnlich wie in Science-Fiction-Filmen. Mit Soldaten, die dieselben Fähigkeiten besitzen wie ein Yedi-Ritter in der „Star Wars"-Reihe.[4]

Dann könnte man verwundete Soldaten gleich an Ort und Stelle durch Handauflegen heilen. Man bräuchte keine Kommunikationsgeräte mehr, um Befehle zu übermitteln, sondern würde dazu Gedankenübertragung einsetzen. Auch Spione und Agenten wären überflüssig, weil metaphysisch trainierte Fern-Späher („Remote Viewer") jede noch so entlegene Militäranlage bequem zuhause von der Wohnzimmercouch ausspionieren könnten.

Klasse Idee.

Doch die meiste Zeit saß das halbe Dutzend Psi-Soldaten in einem streng bewachten, halb zerfallenen Schindelhaus in Fort Meade, Maryland, rum und versuchte, parapsychologische Fähigkeiten zu entwickeln.

Mit eher zweifelhaftem Erfolg. „Ein Major namens Ed Dames hatte begonnen, in den flauen Monaten das Ungeheuer von Loch Ness medial auszuspähen, als es nicht viel offizielle parapsychologische Arbeit für das Militär gab", recherchierte Ronson. „Er fand heraus, dass es sich um das Gespenst eines Dinosauriers handelte. Dieser Befund irritierte einige andere, die ihn für unwissenschaftlich und schlicht unwahrscheinlich hielten." Und auch offizielle Aufträge nahmen einen ähnlich desaströsen Verlauf.

Wo ist Noriega? Das beispielsweise wollte eine amerikanische Regierungsbehörde von der Gedankenleser-Truppe wissen, als der erklärte Lieblingsfeind Washingtons nach seinem Sturz in Panama-Stadt einfach abtauchte.

Einer der Supersoldaten versetzte sich in Trance und schrieb auf ein Stück Papier: „Fragt Kristy McNichol."[5] Da niemand dem „Gegen die Wand"-Autor Jon Ronson sagen konnte oder wollte, ob die US-Agenten seinerzeit diesem Rat tatsächlich gefolgt waren, fragte er selbst bei der beliebten Schauspielerin nach: „Ich erhielt nie eine Antwort."

Spätestens an dieser Stelle wäre zu fragen, ob wir es hier mit einer Satire zu tun haben. Oder mit durchgeknallter Comedy? Die Antwort lautet nein. „Es ist mehr wahr, als Sie denken", heißt es gleich zu Beginn der „Gegen die Wand"-Verfilmung von 2009.

Mit ein paar Ausnahmen: Im Film „Männer die auf Ziegen starren" fällt zum Beispiel die von Psi-Soldat Lyn Cassady (George Clooney) versuchshalber angestarrte Ziege tatsächlich tot um. In der Realität wurde Enthüllungsjournalist Ronson nur einiger sonderbarer Filmaufnahmen ansichtig, die das EKG einer Ziege zeigten. Sowie eine allmähliche Verlangsamung der Herzfrequenz des Tiers von „Mitte 60 runter auf 55".

Ansonsten aber stimmt weitgehend das Motto „More of this is true than you would believe". Der Ziegenstarrer, der wirrköpfige Oberguru der paranormalen Spezialeinheit, der spintisierende Brigadegeneral, der durch Wände schreiten will – jede der Filmfiguren hat eine reale Entsprechung. Und Abartigkeit war nie ein Grund für die Armee, etwas nicht zu tun, meint Ronson zu den Exkursionen des Pentagons in die Gefilde des Unfassbaren.[6]

Bizarre Geheimexperimente des US-Militärs mit Hellseherei, Hypnose, Telepathie – wie um alles in der Welt konnte es dazu kommen?

Kein Geringerer als Uri Geller, das selbst ernannte Super-Medium, brachte Jon Ronson auf die Fährte der Voodoo-Krieger. Und zwar auf der Dachterrasse eines Restaurants in der Londoner Innenstadt. Anfang Oktober 2001:

„Es hatte schon lange Gerüchte gegeben (die meisten davon waren zugegebenermaßen von Uri selbst in die Welt gesetzt worden), dass er in den frühen 1970er Jahren als parapsychologischer Spion insgeheim für den amerikanischen Geheimdienst gearbeitet hätte", erinnert sich Ronson an die zufällige Begegnung. „Viele Menschen zweifelten an seiner Geschichte. Die *Sunday Times* nannte sie sogar ‚eine bizarre Behauptung' und kommentierte, Geller sei verrückt, das Geheimdienstestablishment hingegen nicht."

Nun ja, wie man's nimmt.

Mehr als zwanzig Jahre vor Ronson hatte sich bereits sein US-Kollege Ronald M. McRae mit dem Thema „Parapsychologische Kriegsführung" beschäftigt. Seinem gleichnamigen Buch von 1984[7] können wir entnehmen, dass US-Präsident Jimmy Carter wohl in der Tat einen Narren an Geller gefressen hatte: „Carter war davon überzeugt, dass Geller ein Mensch mit übernatürlichen Fähigkeiten sei, und nahm dessen Warnung vor einer angeblichen sowjetischen Psi-Waffen-Ausrüstung sehr ernst."

Aber auch schon vor Carters Amtszeit (1977–1981) hatte die CIA ein halbes Dutzend Agenten beauftragt, in den Para-Labors des Landes nach neuen Erkenntnissen zu suchen, die von militärischer oder spionagetechnischer Bedeutung sein könnten. Die CIA sei vor allem an Uri Geller interessiert gewesen. Diskret hätten Agenten seine Aufführungen besucht. „Wenn Geller in der Lage war, Gegenstände zu verbiegen oder kaputte Uhren wieder zum Laufen zu bringen, so konnte er womöglich auch Computer des Gegners beeinflussen. So spekulierten die Geheimdienstler."

Schließlich wurde der berühmte Gabel- (und Balken-)Bieger bei einem dem Pentagon angeschlossenen Büro für Projekte der Spitzenforschung (ARPA) vorstellig, „wo man nach Aussagen der Beamten durchaus bereit war, Forschungen zu finanzieren".

Was dann geschah, verdient es, vollständig wiedergegeben zu werden:

„Geller traf mit den Nachrichtendienstlern der Marine am Schwimmbecken eines dem Pentagon nahe gelegenen Hotels zusammen. Er forderte einen Commander auf, sich gedanklich auf ein Objekt in der Umgebung zu konzentrieren. Der Commander, skeptisch wie er war, dachte an eine mit Weintrauben gefüllte Schale, die hinter ihm stand, um sich nicht durch einen Blick auf einen vor ihm liegenden Gegenstand zu verraten.

Geller kritzelte etwas auf seinen Notizblock und fragte nach dem Namen des Gegenstandes. Dann reichte er dem Offizier den Block, auf dem *Schale mit Weintrauben* geschrieben stand. Die verblüfften Nachrichtendienstler sprachen sich in ihrer Empfehlung für einen Vertrag über mehrere Millionen Dollar aus.

Alarmierte Skeptiker des Büros ließen eine Gruppe von vier Zauberkünstlern einfliegen: den Magier und Entfesslungskünstler James Randi, den Kartenexperten Persi Diaconis, den Psychologen Ray Hyman und Marcello Truzzi, einen Soziologen. Diaconis erinnert sich, dass man sie alles andere als freundlich empfangen hat: *Man stellte uns die Frage, warum wir wichtige Untersuchungen boykottieren wollten.*

Der Commander wollte von den vieren wissen, wie Gellers Fähigkeit, Gedanken zu lesen, nach ihrer Meinung zu erklären sei. Die Befragten sträubten sich aus zwei Gründen vor einer Antwort. Erstens ist die Technik ein Branchengeheimnis. *Zweitens, sagte Truzzi, stoßen Erklärungen gewöhnlich auf Misstrauen. Man besteht darauf, dass keine Drähte im Spiel sein können, selbst wenn jeder weiß, dass es so ist.*

Doch dieser Offizier des Nachrichtendienstes war eine Ausnahme. Er dachte nach und erinnerte sich, dass Geller ihn nach dem Namen des Gegenstandes gefragt hatte, bevor er den Schreibblock aushändigte – und nicht nachher, wie ursprünglich angenommen. Der Unterschied ist entscheidend. Geller schrieb zunächst nichts auf, er tat nur so. Erst nachdem der Commander den Gegenstand benannt hatte, schmierte Geller mit einem Daumenstift *Schale mit Weintrauben* aufs Papier. Jeder Zauberkünstler und Gedankenleser kennt die Möglichkeit, einen Stift unter dem Daumennagel zu verstecken.

Gegen Abend hatte sich die Einstellung der Funktionäre um 180 Grad gedreht. Ein Vertrag wurde nicht unterzeichnet, stattdessen wollten alle wissen, wem die dumme Idee eigentlich eingefallen war."

Es war nicht die Einzige.

Um den „Psi-Waffen-Rüstungswettlauf" zwischen den Supermächten USA und Sowjetunion ranken sich zahllose Absonderlichkeiten, die sogar in der Komödie „Männer die auf Ziegen starren" unglaubwürdig gewirkt hätten. Der Skeptiker und Geller-Entlarver James Randi kennt sie alle.

„Eines der Dinge, die man im Pentagon momentan untersucht", sagte er damals dem Journalisten McRae, „ist geheim-
kräftige Zauberei. Man macht den Versuch, hochaufgelöste Fo-
tografien von russischen Anlagen zu entwickeln – mit der Vorstellung, dass die darauf sichtbaren Satelliten und Raketen vernichtet werden, wenn man die Aufnahmen verbrennt. Ich weiß,
dass man so was nur schwer schlucken kann. Aber so sind die
Hirnis im Pentagon nun mal."[8]

Etwas gemäßigter ausgedrückt: Es scheint festzustehen, dass
CIA, NSA und das Verteidigungsministerium den gleichen Tricks
zum Opfer fielen, wie sie von professionellen „Medien" auf der
Bühne genutzt werden.

Zumindest eine ganze Weile.

Erst weit in den 1990er Jahren gaben die Verantwortlichen
ein Gutachten bei unabhängigen Experten in Auftrag, die sich in
der Parapsychologie einen Namen gemacht hatten und unterschiedliche Positionen vertraten: die Statistikerin Jessica Utts von
der University of California, die mehrfach positiv über die Existenz paranormaler Phänomene geschrieben hatte, und der skep-
tische Psychologe Ray Hyman von der Universität von Oregon.

Die wissenschaftliche Auswertung des „Jedi"-Programms ergab ein vernichtendes Urteil: Remote Viewing hatte in keinem
einzigen Fall Informationen geliefert, die hinreichend wertvoll
oder überzeugend für konkrete Aktionen gewesen wären.

Als „besonders beunruhigend" bewerteten die Gutachter dabei den Umstand, dass die Berichte der Remote Viewer teilweise
so abgeändert wurden, dass sie zu den bereits bekannten Indizien des jeweiligen Falles passten. Auf diese Weise mögen einige
der häufig publizierten „dramatischen Treffer" der Psychic War-
riors entstanden sein.

Für die Praktiker vom Geheimdienst stand damit fest: Das
„Projekt Jedi" war ein Flop. Für eine routinemäßige Anwendung
von Remote Viewing in der alltäglichen Arbeit hätten die Ergebnisse – selbst bei optimistischer Beurteilung – erheblich ein-
deutiger ausfallen müssen.[9] Was allerdings einige der Ex-Fern-

hellseher des Militärs nicht davon abhält, Seminare in „Remote Viewing" anzubieten.[10]

Wo aber wird die ganze abstruse Story der „Jedi-Krieger" nun eigentlich konspirativ? Kommen wir noch mal auf die fehlende Kaffeemaschine zurück.

Was ist die beste Tarnung in einer vom Erfolg besessenen Gesellschaft? Das Versagen. Jemand vom ehemaligen „First Earth Battalion" erzählte Jon Ronson bei seinen Nachforschungen mit verschwörerischem Unterton, er habe begonnen zu glauben, es gäbe noch eine *andere*, viel besser versteckte PSI-Einheit, mit mutmaßlich glamouröseren Büros. Und *ihre* Einheit sei enttarnt worden, um die Aufmerksamkeit von dieser anderen Einheit abzulenken. „Damals schenkte ich dieser Theorie kaum glauben", schreibt Ronson. „Aber heute bin ich mir nicht mehr so sicher."

Wieso nicht?

Der berühmte „Ziegentotstarrer", der mit richtigem Namen Guy Savelli[11] heißt und in Cleveland ein Kampfsportstudio betreibt, meldete sich erst unlängst wieder bei Ronson. Er klang aufgeregt, und Ronson nahm gleich an, dass sich „in der anstehenden verdeckten Ermittlung gegen Al-Kaida etwas getan" hat.

Und wirklich: Etwas Unglaubliches sei geschehen, teilte ihm Savelli mit. Er habe einen Anruf aus Fort Bragg erhalten, dem Hauptquartier der amerikanischen Sonderheiten. Ob er unverzüglich anreisen könne, um seine Kräfte dem neuen kommandierenden General vorzuführen.

„Bringen Sie ein Tier mit?", fragte Ronson.

„Jawohl", sagte Savelli. „Sie wollen, dass ich ein Tier mitbringe."

Eine Ziege?

„Ich kann Ihnen nur sagen", antwortete Guy, „dass ein Tier eine Rolle spielen wird."

Anmerkungen

[1] Wer den größten Wahnsinn aushält, *Süddeutsche Zeitung* vom 5. März 2010

[2] Ronson, J. (2008): Durch die Wand. Salis, Zürich

[3] Das Buch gibt es bis heute käuflich zu erwerben, für zirka 15 Dollar bei http://firstearthbattalion.com. Beim Aufrufen der Seite ertönt das Meckern einer Ziege.

[4] Die Psi-Spione des Pentagon, *Skeptiker* Nr. 2/2007. Im Internet: www.skeptiker.de

[5] In der Verfilmung „Männer die auf Ziegen starren" wird Angela Lansbury genannt.

[6] Taschenbuchausgabe (2010): Männer die auf Ziegen starren. Heyne, München

[7] Deutsche Ausgabe: McRae, R.M. (1989): Parapsychologische Kriegsführung. Esoterik als Waffe. Heyne, München

[8] Levy, J. (2006): Das kleine Buch der Verschwörungen. Riva Verlag, München

[9] Harder, B. (2005): Geister, Gothics, Gabelbieger. Alibri, Aschaffenburg

[10] Siehe z.B. www.remoteviewing.com/remote-viewing-training/

[11] http://en.wikipedia.org/wiki/Guy_Savelli

Die Schweinegrippe-Verschwörung

Irgendwann äußerte sich auch die vatikanische Kongregation für den Gottesdienst und die Sakramentenordnung zum Thema Schweinegrippe: Es sei Priestern nicht erlaubt, Gläubigen wegen der Schweinegrippe die Mundkommunion zu verweigern.[2]

Prompt überschlugen sich in dem religiösen Grenzgänger-Portal kreuz.net[1] die Kommentare. Allgemeiner Tenor: Gute Entscheidung. Denn: „Durch den würdigen Empfang der heiligen Kommunion [also die Mundkommunion; Anm. d. Autors] schützt mich der Herr vor Krankheiten ... Ich vermute mal, dass eher in der Neuen Messe [die mit der Handkommunion; Anm. d. Autors] die Viren Einzug halten."

So mag es sein. Vor allem dann, wenn uns der fiese A/H1 N1-Erreger von gar finsteren Mächten geschickt worden ist. Etwa von den Illuminaten. Oder den Bilderbergern. Deren „auserkorenes Ziel" ist schon lange, „die UNO und WHO zu global und allgemeingültigen Weltorganisationen aufzubauen", lesen wir auf einer Webseite, deren Autoren sich „Infokrieger"[2] nennen.

Und weiter: „Inzwischen folgen auch die Großteile der Staaten dieser Erde den Empfehlungen dieser Organisationen. Eine weltweite Pandemie würde den letzten Schritt, ihnen totalitäre Macht einzuräumen, sicherlich enorm beschleunigen. Hier gilt: Schaffe ein Problem und liefere die Lösung ...

Desweiteren häufen sich die Aussagen von hochrangigen Politikern und Wissenschaftlern, dass die Überbevölkerung unmittelbar gestoppt werden muss. Eine solche Pandemie würde dieses Problem zumindest auf Sicht der nächsten Jahrzehnte erst einmal wieder beseitigen. Somit gehen beide Ziele konform."

Die Bilderberger, natürlich. Wer sonst?[3]

Wer sonst hätte genug Macht, um zu verfügen, dass es an der Zeit sei, dem ordinären Volk eine tödliche Krankheit namens Schweinegrippe auf den Hals zu hetzen? Hm, mal überlegen ... Oprah Winfrey vielleicht, die über die Maßen beliebte US-Talkmasterin? Mit den ominösen Bilderbergern verhält es sich nämlich folgendermaßen: „Oprah Winfrey übt heutzutage mehr Einfluss aus als jeder Teilnehmer von Bilderberg. Das ist eine Tagung von 120 hochgestellten älteren Herrschaften. Da passiert überhaupt nichts."

Sagt einer, der es eigentlich wissen muss: David Rothkopf, ehemaliger Vize-Staatssekretär in der Clinton-Regierung. Als Spitzenbeamter im amerikanischen Handelsministerium trieb Rothkopf nach eigenem Bekunden „schamlos die an Geschäftsinteressen orientierte Globalisierung mit voran". Heute ist er Geschäftsführer einer weltweit tätigen Beraterfirma und schreibt nebenher Bücher über seine Begegnungen mit den Reichen und Mächtigen dieser Welt.

Geheimgesellschaften wie die Teilnehmer der Bilderberg-Konferenzen vergleicht Rothkopf mit Erste-Klasse-Kabinen in Flugzeugen: „Für den Betrachter sind sie ungemein beeindruckend, aber wenn man erst einmal drinsitzt, sind die ziemlich langweilig ... Da wird nicht die Welt regiert, sondern nur Dampf geplaudert. Im Grunde alles nur heiße Luft."[4]

Verteilt hier ein Eingeweihter Beruhigungspillen an die unwissende Bevölkerung?

Nicht unbedingt.

Natürlich sei es eine Tatsache, dass „die Macht auf dieser Welt in den Händen einer erstaunlich kleinen Anzahl von Menschen konzentriert ist", erklärt Rothkopf. Diese „Super-Klasse" beziffert er auf etwa 6000 Personen, nämlich: „Staatsoberhäupter, die CEOs [Chief Executive Officers – Vorstandsvorsitzende; Anm.d.Autors] der weltgrößten Konzerne, Medienmogule, Technologieunternehmer, Ölpotentaten, Hedgefonds-Manager, Private-Equity-Investoren, Militärbefehlshaber, eine Handvoll renommierte Autoren, einige wenige Religions-führer, Musiker und Filmproduzenten und sogar einige Terroristenführer und Top-Verbrecher ...

Diese Super-Klasse ist in der Lage, das Leben von Millionen Menschen in zahlreichen Ländern der Erde zu beeinflussen. Die Mitglieder der Super-Klasse machen von dieser Macht regelmäßig Gebrauch und vergrößern sie, indem sie Kontakte zu Ihresgleichen knüpfen." Durch Geschäfte, Vorstandssitze, Investitionsströme, Schulfreundschaften, Clubmitgliedschaften und zahllose andere Fäden.

Und doch stecke hinter dem durchaus schädlichen Einfluss der Super-Klasse weniger ein hinterhältiger Plan als vielmehr „hemmungs- und gedankenloser Egoismus". Für eine machtvolle Konspiration gibt es viel zu viele Konflikte, Widersprüche und Flügelkämpfe innerhalb dieser Machtelite.

Rothkopf weiter: „Die Anhänger von Verschwörungstheorien sind möglicherweise enttäuscht, dass es innerhalb der Super-Klasse so viel Uneinigkeit und Ineffizienz gibt und so wenig geheime Handschläge und verschlüsselte Botschaften ... Aber vielleicht tröstet es sie ein wenig, dass die gleichgerichteten Interessen großer Teile der Super-Klasse oft zu ähnlichen Ergebnissen führen wie eine finstere Verschwörung."

Auch in Sachen Schweinegrippe?

Sagen wir mal so: Sollten dem plötzlichen Auftauchen des A/H1N1-Virus tatsächlich „Eugenik-Pläne zum Massenmord an 90 Prozent der Weltbevölkerung" zugrunde gelegen haben, wie wir auf diversen Internetseiten lesen,[5] dann wären diese grandios gescheitert. Denn insgesamt lag die Sterblichkeit mit durchschnittlich zwei von 10 000 Infizierten etwa drei- bis fünfmal niedriger als bei der üblichen saisonalen Grippe.[6] Weltweit gab es rund 16 500 Tote, in Deutschland rund 240.[7]

Oder ging es gar nicht darum, möglichst viele Todesfälle herbeizuführen? Stand gar nicht die Schweinegrippe selbst im Mittelpunkt der Verschwörung – sondern die Impfung dagegen? War der Impfstoff in Wahrheit eine bakteriologische Waffe? „Man wird dann den Virus und nicht den netten Impfstoff, der uns hätte schützen sollen, für den Tod verantwortlich machen", warnte eine Homepage.[8]

Sicher ist nur: Die Zahl der Verschwörungstheorien wuchs schneller als die der Erkrankten. Die österreichische Journalistin Jane Bürgermeister etwa stellte beim FBI Anzeige wegen des Einsatzes einer biologischen Waffe mit der Absicht, Völkermord zu begehen. Beschuldigte hierbei waren Barack Obama, die UNO, die WHO, das US-Gesundheitsministerium, die US-Heimatschutzbehörde, die Arzneimittelzulassungsbehörde FDA, die Pharmakonzerne Baxter, Novartis, Sanofi Aventis, GSK, Novavax sowie die Rothschild & Cie Banque, David Rockefeller, George W. Bush, Soros Fund Management und natürlich Bill Gates. Diese Verschwörer planten weiterhin, unter dem Vorwand der Pandemie die Macht in den USA den „Illuminati" zu übergeben.[9]

Eine andere populäre Variante: Wollte man endlich einen lang gehegten Plan verwirklichen, die Bevölkerung komplett zu chippen? Das heißt: jedem Bürger einen winzigen Mikrochip unterzujubeln? „Die Ärzte selber würden nicht einmal wissen, was sie da verspritzen", hieß es dazu bereits 1989 in einem Artikel der englischen Zeitung *The Sun*. Denen „könnte gesagt werden, es handle sich um genetische Implantate, die dem Körper für den Kampf gegen die Krankheit helfen."[10] *The Sun* ist ein bekanntes Enthüllungs-Blatt (also mit vielen hüllenlosen jungen Frauen drin).

Auch andere Wahrheits-Aktivisten tuscheln über die „RFID-Chip-Implantierung".[11] Zur Erläuterung: „RFID ist die Abkürzung für *Radio Frequency Identification* (Identifizierung mithilfe von elektromagnetischen Wellen) und bezeichnet ein modernes elektronisches Identifizierungssystem."

Und weiter: „Es gibt zunehmend mehr Informationen (außerhalb der Mainstream-Medien), in denen darauf hingewiesen wird, dass im Rahmen der geplanten weltweiten Massenimpfung gegen die Schweinegrippe ohne Aufklärung der Bevölkerung beziehungsweise der Geimpften ein RFID-Chip durch die Nadel der Impfspritze in den Körper eingebracht werden soll." Und wozu das Ganze? Auch dafür gibt es eine einleuchtende Erklärung: „Damit wäre die totale Kontrolle, zum Beispiel aller Aufenthaltsorte, Bewegungen, Tätigkeiten und so weiter möglich, aber auch Beeinflussung mentaler, psychischer und körperlicher Art."[12]

Wahrhaft teuflisch. Und wiederum gescheitert.

Nur ein Bruchteil der Impfdosen kam überhaupt zum Einsatz. Hierzulande lag die Impfrate zwischen vier und zehn Prozent. Konkret: Nicht einmal jeder zehnte Deutsche hat sich gegen Schweinegrippe impfen lassen.[13] Das sind weniger Impflinge als in einer normalen Influenza-Saison.

Klar: Wer aus einem Ereignis Gewinn zieht, muss es verursacht haben. Mit anderen Worten: Wenn man weiß, wer der Nutznießer ist, kennt man den Verschwörer. „Cui bono" nennt sich das.[14] Wenn Bilderberger, UNO, Weltgesundheitsorganisation, Regierungen und Geheimdienste – also die üblichen Verdächtigen – wegfallen: Wer bleibt dann noch übrig? Wer ist schuld an der Schweinegrippe?

Apropos „Schweinegrippe": Wie das sich schon anhört … Welcher Vollpfosten von Weltverschwörer ist denn darauf gekommen? Gut, offiziell heißt das Teil „Neue" Grippe. Aber obwohl kein Schwein „Schweinegrippe" hat, ist diese Bezeichnung in aller Munde. Ein schwerer Fehler, der unter konspirativen Aspekten unbedingt hätte bedacht werden müssen.

Denn: Niemand will „so etwas" haben, vertraute der Leiter eines medizinischen Labors dem Verfasser dieses Buches an.[15] Der Name klingt anrüchig. Irgendwie halbseiden, verschrien, unheilvoll. Und ist mithin absolut unverwendbar für eine große Verschwörung, der viele, viele Menschen hätten zum Opfer fallen sollen.

So ein Anfänger-Malheur kann eigentlich nur Personen nicht von dieser Welt passieren. Außerirdischen, offen ausgesprochen.

Die *Bild*-Zeitung vermutete es sofort: „Ein Erreger, der Schweine-, Vogel- und Menschenviren vereint – als käme er aus einem außerirdischen Gen-Labor" las man dort im Spätsommer 2009.[16] Und wir Menschen sind die Versuchskaninchen.

Oder sind uns die Experimentatoren am Ende doch viel näher als irgendwo da draußen?

Einen vollkommen rätselhaften Bericht zu dieser Frage brachte die Tageszeitung *Die Welt*: „Warum die Schweinegrippe Spinner so fasziniert" war der Beitrag despektierlich überschrieben.[17] Doch statt Antworten gab es nur Fragen. Äußerst seltsame Fragen. Und ein verwirrendes Ende. Das las sich so:

„Wir wissen, dass sich das Virus um den ganzen Erdball herum verbreitet. Wie es sich verändert, wissen wir nicht, ebenso wenig welche Folgen das Impfen nach sich ziehen mag. Die Welt ist groß und klein zugleich. Wir wissen, dass alles mit allem zusammenhängt, aber wir wissen nicht, was kommt.

In den alten Zeiten halfen Geschichten gegen die Angst vor dem Unbekannten. Woher kam die Frau im hellen Mantel im Aufzug, warum hält der Junge, der eigentlich schon zu groß dafür ist, die Hand des Vaters? Werden der Junge und das Mädchen vom Bolzplatz zusammenbleiben, und warum schaut die Verkäuferin im Coffee-Shop so listig – weiß sie etwas?

Der Mann, der im Aufklärungsspot des Gesundheitsministeriums den Kaffee gekauft hat, geht danach über die Straße, fährt Rolltreppe, und betritt schließlich ein Bürogebäude, wo er sich im Waschraum die Hände wäscht. Aber in dem Bürogebäude ist kein Mensch, es ist so leer, dass man sich unwillkürlich fragt, wem er dort eigentlich noch die Hand hätte schütteln können."

Ah ja. Ist das Parasteganografie?[18] Das Wort klingt genauso kompliziert wie der obige Text, bedeutet aber nur, dass es in diesen mysteriösen Zeilen möglicherweise um eine geheime Botschaft geht. Um welche? Keine Ahnung, aber der äußere Anschein trügt bekanntlich, während exotische oder unwahrscheinliche Varianten des gewöhnlichen Wissens oft den Kern der Wahrheit in sich bergen.

Auffällig ist: Wie kann jemand mit Leitungswasser seine Hände in Unschuld waschen, wo doch jeder weiß, dass „Fluoride im Trinkwasser die Bürgerinnen und Bürger zu willenlosen Sklaven des Staates" machen?[19] Diese Fluorid-Verschwörung dient darüber hinaus „ausschließlich dem Zwecke der Profitmaximierung – ungeachtet der gesundheitlichen Folgen für die Bevölkerung", erfahren wir von der Gesellschaft für Ernährungsheilkunde.[20] Und das bringt uns in direkter Linie zur Pharmaindustrie.

„Die meisten dieser Schweinegrippe-Fälle verliefen äußerst milde ... Dennoch bestellen Regierungen überall auf der Welt fieberhaft Impfstoffe gegen die Schweinegrippe", fragte zum Beispiel jemand unter dem Thread *Seltsamkeiten rund um die Schweinegrippe* in die Cyber-Welt hinein. „Weshalb?"[21]

In der Tat: Weshalb?

Simpelste Antwort: Hinterher ist man immer klüger. Die getroffenen Entscheidungen fielen wohl nach dem Motto: Besser ein Impfstoff ohne Epidemie als eine Epidemie ohne Impfstoff. Und womöglich spukt bis heute die verheerende Spanische Grippe von 1918 in den Köpfen der Verantwortlichen herum.

Unsinn? Nun ja. Hundert Millionen Tote – so etwas setzt sich tief im kollektiven Gedächtnis fest. „Eine Person stirbt, und das Ereignis schlägt Wellen bis in die nächste Generation", erklärt ein Virologe. „Multipliziert man dies mit hundert Millionen, sieht man allmählich die Auswirkungen der damaligen Grippe."[22]

Was die Schweinegrippe angeht: Das Virus H1N1 war eine echte Überraschung. „Die einen freut das, die anderen fühlen sich verschaukelt", schrieb die *FAZ*.[23] Eine Lehre sei es für alle gewesen – für Ärzte und Wissenschaftler ebenso wie für Politik, Medien und Bevölkerung.

Greifen wir als Beispiel die immer wiederkehrende Frage heraus, weshalb die WHO es so eilig hatte, die höchste Pandemie-Warnstufe 6 auszurufen? Planvolle Panikmache? Steht „WHO" eigentlich für „Welt-Hysterie-Organisation"? Oder hat gar derjenige, der die Pandemie ausgerufen hat, „von der Pharma-In-

dustrie in den USA einen sechsstelligen Dollarbetrag gutge-
schrieben"[24] bekommen, wie ein empörter User im Internet
einen entsprechenden Medienbericht kommentierte?

Weder ... noch. Die Regularien besagen schlicht und einfach, dass Stufe 6 in Kraft tritt, wenn sich ein neues Virus unkontrollierbar in mehreren Regionen der Erde verbreitet. Über
die Schwere der Erkrankungen sagen sie absolut nichts.[25] Das
wussten bis zum Ausbruch der Schweinegrippe nur wenige.

Das Dilemma mit der Schweinegrippe beschreibt anschaulich
der amerikanische Risikoforscher Peter Sandmann von der Prin-
ceton University: „Wir können auch in Zukunft nicht wissen,
wie schwer eine Pandemie werden wird. Aber wir müssen trotzdem frühzeitig Entscheidungen treffen, etwa wie viel Impfstoff
wir einkaufen wollen.

Einige dieser Entscheidungen werden falsch sein. Wir warnen lieber einmal mehr als einmal zu wenig, und wir irren lieber darin, dass wir uns unnötig vorbereiten. Sollten die Dinge
schlecht ausgehen, werden die Kritiker sagen, man hätte mehr
tun sollen. Bleibt die Pandemie mild, werden die Kritiker behaupten, wir hätten weniger tun sollen."[26]

„Wir müssen lernen, mit Unsicherheit sicher und rational
umzugehen." – Dieser Appell des Biometrikers Gerd Antes von
der Ständigen Impfkommission (STIKO) wird wohl ein from-
mer Wunsch bleiben.[27] Dass Pharmakonzerne Gewinne machen
wollen, das Virus aber trotzdem gefährlich sein könnte, kommt
in der Gedankenwelt von Konspirologen nicht vor. Und wie gesagt: Sollte die Schweinegrippe tatsächlich das Produkt einer
Verschwörung gewesen sein, dann war sie ein veritabler Flop.
Und die zahllosen Theorien darüber hatten am Ende nur einen
Sinn: Nachrichten und Legenden miteinander zu verbinden, die
ansonsten als lose Enden vor unserem geistigen Auge gebau-
melt hätten.

Zu den Kollateralschäden des Verschwörungsglaubens gehört, dass berechtigte Kritik – etwa an der Berichterstattung, der

Wahl des Impfstoffes, am Verfahren der Zulassung, am Einfluss der Pharmaunternehmen – in diesem Quark untergerührt und trivialisiert wird. Die Storys vom tödlichen Impfstoff, von Gedankenkontrolle, Aliens und Geheimbünden deckten weder Missstände auf noch erbrachten sie konkrete und spezifische Beweise. Sondern sie klickten alle Ängste an, die Menschen sich vorstellen können, und profitieren vom Reiz des Schrecklichen.

Wieso etwa passierte der Ausbruch der Schweinegrippe gerade zu der Zeit in Mexiko, als Präsident Obama dort zu Besuch war? Hat Barack Obama vielleicht höchstpersönlich ein Biowaffenexperiment der US-Streitkräfte in Mexiko gestartet? Immerhin schüttelte er bei seiner Reise dem Leiter des anthropologischen Museums von Mexiko-Stadt, Felipe Solis, die Hand. Eine Woche später starb Solis an einer Lungenentzündung mit grippeähnlichen Symptomen.[28] Wer sich nicht ansteckt, muss zwangsläufig Teil der Verschwörung sein. Eigentlich nachvollziehbar, oder?

Und dann erst die Sache mit der Bio-Bombe in einem Schweizer Zug. Ein Mitarbeiter des Nationalen Zentrums für Influenza transportierte acht Proben mit Grippeviren mit dem ICE. Die Viren waren für das Genfer Zentrum bestimmt, um dort einen Test zur Erkennung der Schweinegrippe zu entwickeln. Eine fehlerhafte Verpackung ließ einen der mit Trockeneis gefüllten Behälter kurz vor dem Bahnhof Fribourg bersten. Bei der Explosion wurden zwei Menschen leicht verletzt.[29]

Klare Sache: Das war kein Unfall, sondern volle Absicht. Die Viren wurden freigesetzt, um eine Pandemie herbeizuführen, damit der Baxter-Konzern und die Mitverschwörer mit einem passenden Impfstoff Milliarden scheffeln können. Oder die Weltherrschaft übernehmen. Oder so.

Warum die rollende Virenschleuder jedoch bloß einen vergleichsweise harmlosen H1N1-Stamm enthielt und nicht den mutierten Erreger, der zuvor in Mexiko zu Todesfällen geführt hatte, bleibt seltsam unklar. Wieso hat man nicht die richtigen Mikroben mit einem Zerstäuber in einem vollbesetzten Fußballstadion losgelassen? Weshalb haben die Verschwörer sich ausgerechnet einen peinlich unfähigen Baxter-Mitarbeiter ausgesucht, um den Virenbehälter zu transportieren, der bei dem Zwischenfall selbst in Mitleidenschaft gezogen wurde?

Entschwörungsregel Nummer eins: „Schreibe nichts der Böswilligkeit zu, was durch Dummheit hinreichend erklärbar ist."[30]

Aber Moment mal …

Haben wir vielleicht etwas übersehen? Oder besser: jemanden? Kommt da noch was?

Kurz vor Manuskriptschluss flatterte dem Verfasser dieses Buches die bunte Werbebroschüre eines Finanzmaklers auf den Schreibtisch. Im Innenteil geht es um ein börsennotiertes Unternehmen der Biotech-Branche im fernen China, das Investoren das Zehnfache ihres Einsatzes („1000 Prozent!") verspricht. Unter anderem wegen einer bevorstehenden „globalen H1N1-Epidemie".

Denn die besagte chinesische Firma habe dagegen eine Pille entwickelt, und zwar „unter Einsatz der eigenen BEVS Seidenraupen-Technologie". So steht es da. Wirklich.

Also doch!

Anmerkungen

[1] www.kreuz.net

[2] www.infokriegernews.de

[3] Die Bilderberg-Konferenzen sind informelle private Treffen von einflussreichen Personen aus Wirtschaft, Militär, Politik, Medien, Gewerkschaften, Hochschulen und Adel. Die Konferenz fand zum ersten Mal 1954 im Hotel de Bilderberg in Oosterbeek, Niederlande, statt.

[4] Rothkopf, D. (2008): Die Super-Klasse. Die Welt der internationalen Machtelite. Riemann, München.

[5] Z.B. www.chemtrails-info.de/schweinegrippe/who-massenmord ziele.htm

[6] Das war die Schweinegrippe, *Frankfurter Allgemeine Sonntagszeitung* am 7. März 2010

[7] Chronik einer Hysterie, *Der Spiegel* Nr. 10/2010

[8] www.rundumgesund.at/krankheiten_von_a_z/schweinegrippe_impfung_soll_man_sich_gegen_schweinegrippe_impfen_lassen/

[9] www.gesundheitlicheaufklaerung.de/schweinegrippe-der-geplante-genozid-interview-mit-jane-burgermeister

[10] Nachzulesen bei http://ronpaul.blog.de/2009/10/28/zeitungsartikel-1989-warnt-mikrochipimplantierung-deckmantel-schweinegrippen-schutzimpfung-7264434/

[11] www.chemtrails-info.de/schweinegrippe/rfid-in-impfspritze.htm

[12] www.chemtrails-info.de/schweinegrippe/rfid-in-impfspritze.htm

[13] Deutsche haben Impfung verweigert, *Focus-Online* am 11. März 2010

[14] Lateinisch: Wem zum Vorteil?

[15] Das Labor in den Zeiten der Grippe-Angst, *Labor&Werte* Nr. 6/2009, www.synlab.de

[16] www.bild.de/BILD/news/mystery-themen/2009/08/mexiko-alien/hat-es-einen-bruder.html

[17] www.welt.de/wissenschaft/schweinegrippe/article5349203/Warum-die-Schweinegrippe-Spinner-so-fasziniert.html

[18] Vgl. z. B. Klaus Schmeh: „Parawissenschaftliche Codes" in *Skeptiker* Nr. 1/2010

[19] http://yoice.wordpress.com/2009/10/06/fluoride-im-trinkwasser-das-die-menschen-zu-willenlosen-sklaven-des-staates-macht/

[20] www.zentrum-der-gesundheit.de/fluoridierung-ia.html

[21] http://de.dwg-radio.net/#News-Achiv_Seltsamkeiten_rund_um_die_Schweinegrippe_.444d199/

[22] Kolata, G. (1998): Influenza. Die Jagd nach dem Virus. S. Fischer, Frankfurt

[23] Das war die Schweinegrippe, *Frankfurter Allgemeine Sonntagszeitung* vom 7. März 2010

[24] www.shortnews.de/id/811638/Schweinegrippe-WHO-wehrt-sich-gegen-Vorwuerfe-der-kuenstlichen-Panikmache

[25] Chronik einer Hysterie. *Der Spiegel* Nr. 10/2010

[26] Rückblick auf eine Pandemie, *FAZ-Online* am 13. März 2010

[27] Kranke Zahlenspiele. *Süddeutsche Zeitung* vom 6. November 2009

[28] http://blog.zdf.de/wahlimweb/2009/05/die-schweinegrippen-verschworu.html

[29] www.welt.de/wissenschaft/article3639195/Behaelter-mit-Grippeviren-im-Zug-explodiert.html

[30] Zit. nach http://www.ratioblog.de/entry/bekloppter-der-woche-jane-burgermeister

Die Clowns-Verschwörung

Ist das lustig?

Menschen, die in großen Schuhen und mit Plastikglatzen auf dem Kopf auf dicke Hintern fallen und dabei Wasser verspritzen oder hupen oder „Schööööön!" rufen? Ganz gewiss nicht. Niemand findet so etwas spaßig. Nicht mal Kinder. Im Gegenteil.

„Anstatt ein Strahlen in die Augen und ein Lächeln auf den Mund zu zaubern, verwandeln Clowns die Gesichter mancher Menschen in angstverzerrte Fratzen", wissen Therapeuten, die sich von Berufs wegen mit der Angst vor Clowns befassen.

Das gibt es tatsächlich. Denn „die Kunstfiguren werden nicht als witzig, sondern als merkwürdig empfunden. Ihr seltsames Aussehen ist den Kindern fremd und wirkt, gemeinsam mit dem meist lauten und aufdringlichen Benehmen, schnell Furcht einflößend."[1]

Ist es das rote Haar? Diese grinsende Wunde von Mund? Die Kleidung, wie von Gichtkranken in der Hölle genäht? Ihre manische Fröhlichkeit, anscheinend nur einen Herzschlag davon entfernt, in mörderischen Zorn umzuschlagen? Oder alles zusammen? „Sie geben vor, immer lustig zu sein, und verstecken ihr wahres Ich hinter einer schrillen, grimassenhaften Maske", analysieren Phobie-Experten. „Das breite, falsche Grinsen vertuscht alle echten Emotionen."[2]

Aber was sind ihre echten Emotionen, ihre wahren Absichten? Eine erste Spur finden wir im Online-Portal „Gespensterweb":[3] „Ich wusste schon immer, wie schlimm Clowns sein können!", schreibt dort eine Userin mit dem Pseudonym „Bella Love": „Die planen 'ne Verschwörung!"

Wie kommt Bella darauf? Vielleicht wegen seltsamer Geschichten wie dieser:

Im Theater fällt einem Ehepaar ein, dass es vergessen hat, der neuen Babysitterin eine Handynummer zu geben, mit der es im Notfall zu erreichen ist. Der Mann geht raus ins Foyer und ruft zuhause an. Die Studentin notiert sich die Nummer und fragt bei der Gelegenheit, ob sie im Elternschlafzimmer fernsehen darf.

Denn das TV-Gerät dort ist an eine Satellitenschüssel angeschlossen, während im Wohnzimmer nur wenige Kanäle zu empfangen sind, damit die Kinder nicht so oft vor der Glotze hocken. Klar, sagt der Mann, kann sie tun.

Gerade als er das Gespräch beenden will, möchte die Babysitterin noch etwas loswerden: Ob sie vielleicht die lebensgroße Clownfigur neben dem Kleiderschrank außer Sichtweite schieben dürfe – irgendwie sei der Anblick etwas gruselig und mache sie nervös.

Der Mann wird bleich und schreit die Studentin an, sie solle auf der Stelle mit den Kindern die Wohnung verlassen und zu den Nachbarn laufen. Das Ehepaar rast nach Hause und alarmiert noch unterwegs die Polizei, die gleichzeitig mit den Eltern eintrifft. Mit der Babysitterin durchsuchen sie das Schlafzimmer.

Die Rollläden sind hochgezogen, das Fenster steht weit offen. Die Clownfigur ist verschwunden.

Nur eine „urban legend"? Eine Wandersage, ein moderner Großstadtmythos?

Nicht so voreilig. Schlagen wir das *Focus*-Magazin vom 6. Oktober 1997 auf. Und lesen da:

„Eigentlich sieht er lustig aus, der rotnasige Clown mit den zwei üppigen Haarbüscheln, der Stefan auf seinem Heimweg von der Ahlener Paul-Gerhardt-Grundschule Bonbons anbietet. Grinsend steht er im Gebüsch, bekleidet mit einem bunten Kostüm. Als der Zehnjährige zugreifen will, lacht der Clown plötzlich nicht mehr – sondern zieht ein Messer ..."

Eine weitere Scary-Story? Nein, sondern eine authentische Reportage über das „Phantom von Ahlen". Und weiter: „Der Junge rennt nach Hause, noch am gleichen Tag erstatten die Eltern

Anzeige wegen Bedrohung, Nötigung und Körperverletzung. Nur Stunden später diktiert der zwölfjährige Markus den Beamten die präzise Beschreibung von gleich drei verkleideten Spaßmachern ins Protokoll, die ebenfalls mit blitzenden Stichwaffen herumgefuchtelt haben sollen."[4]

Beweise für die Existenz der bedrohlichen Narren fand die Polizei zwar keine. Aber dass es meuchelnde Pappnasen gibt, ist unbestritten: Pogo der Clown etwa, der am liebsten in Krankenhäusern und bei Straßenfesten auftrat. 1978 rissen Ermittler in Chicago ihm die Maske vom Gesicht und entlarvten ihn als Serienmörder. Sein bürgerlicher Name war John Wayne Gacy. Noch im Gefängnis zeichnete er Clowns. Bis zu seiner Hinrichtung 1994 verkaufte er Hunderte Bilder, die einen Stückpreis von bis zu 20 000 Dollar erzielten.[5]

Möglicherweise sind wir tatsächlich einer Verschwörung auf der Spur. Einer besonders perfiden, die bislang noch keinen Einzug in die einschlägige Literatur der Konspirologie gefunden hat. Gerüchtehalber geht die Geheimgesellschaft der bösen Clowns ("Evil Clown Society") auf den uralten keltischen Kult der "Klauns" zurück – furchterregende Krieger, die ihre Gesichter weiß und rot bemalten und überdimensionierte Schuhe trugen, um sich selbst ins Riesenhafte zu transzendieren.[6]

Ist das handgesägter Humbug? Die Wahrheit ist ein weites Feld. Und was im virtuellen Raum herumschwebt, ist verbindungsfähig.

Schon der Stummfilm-Gruselstar Lon Chaney Sr. wusste: „In der Manege mag ein Clown lustig sein. Aber wie würden Sie reagieren, wenn Sie um Mitternacht die Haustür öffnen und vor Ihnen im Mondlicht ein Clown steht?"[7]

Kein Geringerer als Horror-König Stephen King hüllt in seinem Bestseller „Es" das leibhaftige Böse in ein bauschiges Clownskostüm, mit roten Pompons und einer schlaffen Fliege um den Hals. Und dass auch der Clown einer weltweiten Fastfood-Kette zu der Verschwörung gehört, ist im Werbeslogan des Unternehmens codiert: „Ich liebe *Es*."

In „The Dark Knight" schockierte Heath Ledger als „Der Joker" die ganze Welt mit seinem irr grinsenden, grell geschminkten Clownsgesicht: kreideweiß, die Augenlider nur schwarze Höhlen, dunkelgrüne Haare und blutrot verschmierte Lippen. Ein Harlekin des Hasses. Irrational böswillig.

Der wüste Horrortrash „Killer Klowns from Outer Space"[8] tarnt menschenfressende Aliens als Zirkusclowns. Und was ist mit der fiesen Clownpuppe in Stephen Spielbergs „Poltergeist"?[9] Oder den hochgerüsteten Endzeitclowns in dem Computerspiel-Klassiker „Wasteland"? Oder den „Evil Clowns", von denen Pink singt: „This used to be a funhouse. But now it's full of evil clowns." In einem Interview zur Entstehungsgeschichte des Kultsongs sagte Alecia Beth Moore, genannt Pink: „Clowns are supposed to be happy, but they are really scary."[10]

Stimmt auffallend. Und immer mehr Leute spüren das.

Der US-Rapper P. Diddy (Sean „Puffy" Combs alias „Puff Daddy") hat nach eigenem Bekunden panische Angst vor Clowns und reagiert mit Übelkeit, Benommenheit und Atemnot auf die verkleideten Spaßmacher. Angeblich hat Diddy sogar vertraglich festgelegt, dass keine Clowns in seiner Nähe sein dürfen, wann und wo immer er in der Öffentlichkeit auftritt. Somit haben Clowns bei Puffy wirklich nichts zu lachen.

Auch Hollywood-Star Johnny Depp leidet schlimm an Coulrophobie, wie diese an sich unbegründete, aber krankhafte Abneigung offiziell heißt. Und damit sind nur einige der bekanntesten Clown-Phobiker genannt. Tatsächlich gibt es viel mehr Betroffene.[11]

„Ich krieg' voll die Panik, wenn ich Menschen in bunten Kleidern und roten Nasen sehe", bekennt ein namenloser Schreiber im Weblog *nemo.twoday.net*. „Ich fand schon als Kind Clowns unheimlich. Nein, nicht lustig, sondern beängstigend!"[12]

Oder eine gewisse „Tinkerbell", die sich unter diesem Pseudonym im Kummerkasten des Web-Forums „goLyrics" zu Wort meldete: „Hey Leute, ich habe panische Angst vor Clowns. Allgemein sind verkleidete Leute nicht mein Ding, aber Clowns sind die Krönung. Manchmal wache ich nachts auf, weil ich von einem geträumt habe. Dann muss ich mich fast übergeben. Es lässt sich nicht beschreiben. Die Dinger sind widerlich."

Das meint auch die Journalistin Jenni Zylka. Und zwar aus einem ganz besonderen Grund, wie sie in der Berliner *tageszeitung*[13] schrieb:

„Meine Freundin hasst Clowns ebenfalls, sie hatte als Kind ein prägendes Erlebnis mit einem Zirkuspony, von dem sie dachte, es könne rechnen, bis sie sah, dass der blöde dumme August das Pony jedes Mal mit seiner Plastikrose pikte, damit es mit dem Vorderhuf die richtigen Ergebnisse klopfte."

Na, wenn es nur das wäre.

Was das einigende Ziel der allgegenwärtigen schauderhaften Possenreißer ist, wissen wir noch nicht. Aber seien Sie vorsichtig, wenn es um Mitternacht an der Haustür klopft. Und nehmen Sie keine Luftballons von Fremden an.

Anmerkungen

[1] Zit. nach www.loveyourlife.at, Serie Phobien: „Coulrophobie: Wenn aus Spaß Angst wird"

[2] Zit. nach www.loveyourlife.at, Serie Phobien: „Coulrophobie: Wenn aus Spaß Angst wird"

[3] www.gespensterweb.de

[4] Hysterie: Das Phantom von Ahlen, *Focus* Nr. 41/1997

[5] Massenmörder hinter der Clownsmaske, *Spiegel-Online* am 12. März 2010

[6] Gefunden bei www.abovetopsecret.com/forum/thread231982/pg1

[7] Schreckliche Clowns, *Nautilus – Abenteuer&Phantastik* 2/2009

[8] USA, 1988

[9] USA, 1982

[10] http://en.wikipedia.org/wiki/Funhouse_(Pink_album)

[11] Vgl. z. B. www.ihateclowns.com

[12] http://nemo.twoday.net/stories/3982/

[13] Vorsicht vor Clownkontakten, *taz* vom 4. Februar 2003

Die Vampir-Verschwörung

Vampire? Tauchen in der Verschwörungs- und Gerüchteliteratur bislang nicht auf.

Allenfalls der gerichtsnotorische Star-Konspirologe Jan van Helsing[1] gibt vor, Vampire zu jagen. Deshalb auch sein Pseudonym, das jeder kennt, der „Dracula" gesehen oder gelesen hat.

Und wer sind die „Vampire", die van Helsing bekämpft? Blutsauger eben. Menschen, „die das Leben nicht bereichern, sondern Leben nehmen." Die „auf Kosten anderer Menschen existieren".[2] Damit meint der Demagoge in erster Linie die Illuminaten. Und andere Geheimbünde. Also keine „echten" Vampire.

Die gibt's ja auch gar nicht. Oder nur in den Bis(s)-Romanen. Oder?

Eine Andeutung vampiresker Verschwörungen weht uns aus dem Buch „Das fünfte Imperium" des russischen Kultautors Viktor Pelewin an: Hier haben die Vampire insgeheim die Weltherrschaft übernommen. Nur noch selten trinken sie Blut. Nein, sie bevorzugen das sogenannte „Bablos", die weiterverarbeitete Lebensenergie des Menschen, wenn dieser sich mit Geld beschäftigt.

Denn, so philosophiert einer der Vampire, „der Mensch ist von der Frage des Geldes und ihren Lösungsmöglichkeiten permanent in Anspruch genommen". Eine Aussage, der wir in Zeiten der globalen Finanz- und Wirtschaftskrise kaum widersprechen können.[3] Offenkundig erweist sich der Vampir immer wieder aufs Neue als Projektionsfläche, die größer ist als jede erzählerische Phantasie.

Doch wie war das gleich noch mal mit dem Spruch, dass die Wirklichkeit jede Phantasie übersteigt?

Im Jahr 2005 hatte die Bundesprüfstelle für jugendgefährdende Medien (BPjM) in Bonn über ein äußerst seltsam anmutendes Werk zu befinden. „Das Buch Noctemeron – Vom Wesen des Vampirismus" prangte vom Cover. Im Innenteil ging es unter anderem um verschiedene Biss-Techniken. Und um eine eigentümliche Melange aus Sexualität, Erotik, Gewalt und Blut. Verfasst wurde das Buch nach seiner Selbstdarstellung „für den unbändigsten und gefährlichsten aller Jäger: den Vampir".

Die erschütterten Jugendschützer kamen in ihrer Analyse zu dem Schluss: „Menschen werden [darin] als Schlachtvieh für die ‚Schatten' oder Vampire dargestellt ... Die literarische Ebene verlässt die Darstellung spätestens dann, wenn sie zur Vorlage oder fast Gebrauchsanweisung von realen Gewalttaten wird."[4] Am Ende der BPjM-Sitzung stand die Indizierung des „Noctemeron" eines gewissen „Frater Mordor". Bis heute ist der Verkauf an Jugendliche unter 18 Jahren verboten.

Erst einige Monate später wurde das Gutachten veröffentlicht, das die Bundesprüfstelle als Entscheidungsgrundlage in Auftrag gegeben hatte. Die 46 Seiten umfassende „Bestandsaufnahme einer Subkultur" wirft Schlaglichter in eine dunkle Szene – und wartet mit schockierenden Enthüllungen auf: Vampire gibt es. Echte Vampire. Weltweit etwa tausend Exemplare „einer Art der Gattung Mensch", die bis zu zweihundert Jahre alt werden können.

Davon ist jedenfalls das New Yorker „Vampire Research Center" überzeugt, fand der Politologe und Journalist Dr. Rainer Fromm bei seinen Nachforschungen heraus.[5] Bausteine einer Scheinwelt zwischen Legenden und geheimen Wünschen? Wer weiß.

„Wer vermag schon zu sagen, ob sie nicht wirklich dort draußen sind", geheimnist das Szene-Portal „Vampyrbibliothek": „Jene Geschöpfe der Dunkelheit mit ihrem ewigen Durst nach Blut?! Öffnet also Euer Fenster, schaut auf den silbernen Mond und denkt daran, dass Ihr nicht alleine seid in der dunklen Nacht."[6]

Weitere Hinweise fand Fromm auf der – nicht mehr existierenden – Homepage „World of Vampires". Dort schilderte die Seitenbetreiberin angeblich reale Begegnungen eines Mönches mit einem echten Vampir: „Der Mönch lernte zu erkennen, dass diese Kreatur, die, wie ihm beigebracht worden war, keine Ausgeburt des Teufels ist, sondern ein etabliertes Lebewesen, welches es in seiner Form zu akzeptieren gilt."

Desweiteren stieß der Vampirbuch-Gutachter in einem Online-Chat auf folgenden Dialog:

„Hi, ich kenn mich da nicht so aus, aber ich glaube an Vampire! Ich meine, warum sollte es sonst so viele Geschichten über die Fürsten der Nacht geben, wenn es sie dann doch nicht gibt?"*(Miya)*

„Ich bin ein Vampyr, damit dürfte die Hälfte der Fragen um unsere Existenz geklärt sein. Natürlich gibt es Zweifler, aber das ist auch nur natürlich in Anbetracht der vielen Klischees über uns. Wenn ihr mehr herausfinden wollt, mailt mir." *(Valech)*

„Von was ernährst du dich? Von Blut? Erläutere das mal näher. Auch um welche Art von Blut es sich handelt, falls es so ist." *(Uncle Tincake)*

„Ja, von Blut. Unser Körper ist natürlich auch imstande, anderes aufzunehmen, wir verschmähen keinen guten Wein, aber das eher aus Genuss. Blut ist unsere Quelle. Wir nehmen es venös auf, durch Kanäle in unseren ausgeprägten Zähnen. Schließlich ist Blut alles, was wir brauchen. Aber da wir nur zum Teil physischer Natur sind und das, was unseren Geist darstellt, auch genährt werden will, zehren wir sozusagen von der Seele unseres Opfers." *(Valech)*

Pubertäre Spinnereien?

Natürlich glaubt der Dunkelfeld-Fachmann Rainer Fromm nicht an Vampire. Aber auch er kann die Erkenntnis nicht mehr leugnen, dass „mit dem Auftreten einer Subkultur der *real Vampires*, *Vampyre* oder *modernen Vampire* die Blutsauger aus den Romanen plötzlich zum Leben erwacht" sind. Die Existenz von sogenannten Vampir-Toplisten im Internet, Gästebucheinträgen und Forendiskussionen ergebe eine beachtliche Bandbreite von Menschen, die sich heute selbst als Vampire empfinden oder ausgeben.[7]

„Vampire gibt es", weiß auch der international tätige Kriminalbiologe Dr. Mark Benecke. „Sie sind lebendig, sehen nicht schlecht aus und denken öfters an Blut und Hälse. Die älteren Semester sind verschattete Figuren oder Konzern-Chefs. Die jüngeren können hingegen sexy bis zum Anschlag sein. Eins haben sie alle gemeinsam: Es fehlt ihnen Energie. Und die müssen sie sich holen."

Aber wie? So wie in der „Akte X"-Folge „Drei", worin Fox Mulder es mit einem Trio bluttrinkender Killer zu tun bekommt? Am Schluss wird der Zuschauer kaum im Zweifel gelassen, dass Vampire tatsächlich unter uns wandeln. Zumindest im „Akte X"-Universum.

Und in Wirklichkeit?

Am 16. Juli 1996 verschwand die 36-jährige Journalistin Susan Walsh aus dem Städtchen Nutley, New Jersey, während ihrer Nachforschungen über die Vampirszene von Manhattan. Bis heute wird auf Vermissten-Seiten im Internet nach ihr gesucht.[8] „Did a Vampire Kidnap Susan Walsh?", fragen sich nicht wenige Insider.[9] Und damit wären wir gewissermaßen bei einer Verschwörung innerhalb der Vampir-Fama. Denn von „verschwundenen Vampiren" hörte auch Mark Benecke es flüstern, als er die New Yorker Clubs und Clans der Schattenwesen ausforschte. Im Meat Packing District, dem ehemaligen Schlachthaus-Bezirk am westlichen Ende der Zehnten Straße. „In diesem verlassenen Viertel gab es bis vor kurzem noch große und düstere Räume für wenig Geld zu mieten. Die Blut-Fete im Prolog des Filmes ‚Blade' könnte dort gedreht worden sein."[10]

Aber bleiben wir zunächst beim Fall der verschwundenen Susan Walsh.

Eine Kollegin von ihr, die Psychologin und Autorin Kathrine Ramsland, machte sich undercover auf die Suche nach ihr. Allerdings merkte sie schnell: „Wenn du Vampire jagst, werden sie *dich* jagen!" Sehr bald schon erhielt sie eine Einladung in einen Vampirclub. Dort wurde sie „unverzüglich von einem Mann angesprochen, der einen schwarzen Gehrock und eine schneeweiße Krawatte trug", schreibt Ramsland.

„Er hatte schwarze Haare und einen sorgfältig gestutzten Bart, der in einer dünnen Linie von seinen Ohren ausgehend um seine Lippen lief und sich über den kleinen weißen Vampirzähnen leicht kräuselte. Seine Wangen waren glattrasiert, und ich schätzte ihn auf Mitte dreißig. ‚Tagsüber bin ich Bauarbeiter‘, eröffnete er mir. ‚Aber ich sehe mich selbst als Vampir.‘"[11]

Ramsland fand im Weiteren das Netzwerk für Vampirbrieffreunde, die Gesellschaft für Vampirstudien und eine Art Kontaktbörse für Untote. Und sie traf den Soziologen Stephan Kaplan, der das besagte Vampire Research Center leitet und behauptet, seit 1981 überall in Amerika echte Vampire aufgespürt zu haben. Und dennoch ging die Beschäftigung der Journalistin zunächst nur schrittweise über das Stadium hinaus, das sie aus Büchern und Filmen kannte. Ihren Besuch in einem geheimen New Yorker Vampir-Club schildert Katherine Ramsland so:

„Die vorherrschende Farbe der Kleidung ist Schwarz, Kerzen oder gedämpftes Licht verstärken die Atmosphäre. Die Männer tragen vielfach Spazierstöcke und überladen ihre Hände mit Silberschmuck; Frauen tragen Kleider, Korsagen, Hüte und Frisuren in einem phantastischen Stil. Ich sah ein Mosaik aus schweren Halsbändern, Plateaustiefeln, engen schwarzen Jacken, schwarzem Lippenstift, Bauchnabelringen, langen silbernen Krallen, Totenkopf-Hemden und Latexkleidung jeglicher Art. Es gab nichts Billiges oder Abgetakeltes hier."

Father Sebastian, der Nestor der Vampire von Manhattan,[12] erklärte ihr ansatzweise die verschiedenen Formen von Zusammenschlüssen: „Ein Zirkel ist eine Gruppe von Freunden und/oder Liebhabern, die sich ein Versprechen gegeben haben. Enge Zirkel haben selten mehr als drei bis fünf Mitglieder, während etwas offenere Zirkel bis zu 13 Mitglieder haben können."

Mit der Zeit kommt Ramsland zu dem Schluss, dass ein großer Teil der Vampir-Kultur aus Maskerade und Spiel besteht. Daneben gibt es aber auch Vampire, die sich gegenseitig die Haut aufschlitzen, um einander ihr Blut darzubieten – oder gar zu trinken. Dieser Austausch wird in erster Linie als Transfer von Lebensenergie betrachtet. Es geht dabei weniger um das Blut selbst als um die Empfindung von Nähe und Erregung. Ein New Yorker Vampir namens Ethan Gilcrest etwa bezeichnet Blut als „flüssige Elektrizität".[13]

Da ein Menschenbiss aber sehr schmerzhaft ist und ebenso gefährliche Keime überträgt wie ein Hundebiss, belassen es Profis beim „Blood Exchange" mittels Kanüle.[14]

Die dritte zahlenmäßig bedeutsame Gruppe in der Vampir-Subkultur bilden die sogenannten Psycho-Vampire. Sie sind überzeugt, von der „Aura" anderer Menschen zehren und ihnen auch ohne deren Wissen Kraft rauben zu können.

Am Ende ihrer Recherchen durchfährt Kathrine Ramsland indes durchaus der Gedanke, dass es „besser wäre, manche verschlossene Tür lieber nicht zu öffnen". Sie begegnet einem „Vampir bis ins Mark, mit all den Schrecken und Konsequenzen, die sich in meine Vorstellung eingegraben haben" – und der schließlich „den Tod umgarnt", sprich: Selbstmord begeht.

Was ihr bleibt, ist die Einsicht, dass der Vampirkult „ebenso jene anzieht, die lediglich mit dem Feuer spielen, wie jene, die wirklich verbrennen wollen". Zu welcher Kategorie gehörte nun die verschwundene Susan Walsh? War sie tatsächlich einem Vampir in die Falle gegangen? Oder von einer Vampirgruppe entführt worden?

Ramsland: „Soweit ich es beurteilen konnte, schien mir das unwahrscheinlich. Das Interessante an meinen Nachforschungen war, dass niemand mir jemals etwas von einer irgendeiner Vampirverschwörung erzählt hatte … Niemand schien der Meinung, mich wegen der gefährlichen Informationen, die sich sammelte, aus dem Weg schaffen zu müssen – obwohl ich bestimmt tiefer in diese Welt eingedrungen war als Susan Walsh."

Und somit bleibt der Fall der Susan Walsh weiter ein ungelöstes Rätsel, ebenso wie die Verschwundene ein Teil der Vampirmythologie geworden ist.

Für die Gerüchte von den verschwundenen Vampiren indes fand der Kriminologe und Forensiker Mark Benecke eine Erklärung von berückender Schlichtheit:

„Der vampirische Party-Drang wächst sich im Laufe des Erwachsen-Werdens aus. Daher verschwinden viele Menschen aus der Szene, während derzeit noch ungebremster Gothic-Nachwuchs vorrückt. An der Ostküste der USA hat sich um diesen ganz normalen Vorgang eine spannende Legende gebildet. Die älteren Vampire, so heißt es, zögen sich vollkommen in die Einsamkeit zurück und würden mit niemandem mehr sprechen, besonders nicht mit der Presse.

Zwar ist es richtig, dass die sogenannte *media exploitation* für Sonderlinge aller Art – und damit auch für Vampire – schnell zu anstrengend und vor allem sinnlos wird. Die älteren Vampire sind aber in Wirklichkeit nicht verschwunden, sondern haben ihren eigentümlichen Hang einfach in den Alltag und ihre Persönlichkeit integriert. Dass dies problemlos gelingen kann, beweisen die Heerscharen der nun bürgerlich lebenden Schwarzen (Gothic) aus den 1980er- und 1990er-Jahren."[15]

Der Vampir als neues emotionales Leitbild? Für Lifestyle-Romantiker wie für Blutfetischisten? Vampirische Gefühle und mitunter auch Handlungen, aber mehr nicht?

Einerseits, erklärt Düster-Experte Benecke, gibt es einige wenige Vampyre[16], die der Überzeugung sind, dass sie nach dem Awakening[17] keine normalen Menschen mehr sind, eine andere DNA haben und Ähnliches mehr.[18]

Andererseits, behaupten Skeptiker, sei die reale Existenz von Vampiren eine mathematische Unmöglichkeit[19] – da ein einziger echter Vampir bei nur einem Blutopfer monatlich die gesamte Weltbevölkerung binnen 34 Monate komplett in vampirische Existenzen verwandeln würde.

Anmerkungen

[1] Klarname: Jan Udo Holey

[2] Arier im Astralleib, *Süddeutsche Zeitung* vom 15./16. März 2008

[3] Zit. nach „Dracula reloaded", *Neue Zürcher Zeitung* vom 18. Februar 2009

[4] Entscheidung Nr. 5319 vom 6. Oktober 2005

[5] „Vampirismus" in Deutschland, *Materialdienst* der Evangelischen Zentralstelle für Weltanschauungsfragen Nr. 6/2006

[6] www.vampyrbibliothek.de/vampire/vampire-texte.htm

[7] „Vampirismus" in Deutschland, *Materialdienst* der Evangelischen Zentralstelle für Weltanschauungsfragen Nr. 6/2006

[8] Z. B. www.charleyproject.org/cases/w/walsh_susan.html

[9] Z. B. bei http://hubpages.com/hub/Vampire-Kidnaps-Susan-Walsh

[10] Benecke, M. (2009): Vampire unter uns! Edition Roter Drache, Rudolstadt

[11] Ramsland, K. (1999): Vampire unter uns. vgs, Köln

[12] http://fathersebastian.livejournal.com

[13] Count Dracula Never Had His Own Cable TV Show, *New York Times* vom 10. August 1996

[14] Benecke, 2009

[15] Benecke, 2009

[16] Anders als die „Vampire", also die erfundenen Gestalten, sind „Vampyre" in der Szene-Schreibweise Menschen, die denken, sie besäßen echte vampirische Eigenschaften.

[17] Also nach dem Erkennen, dass sie Vampyre sind.

[18] Zit. nach „Was es mit Vampir-Mythen wirklich auf sich hat", *Berliner Morgenpost* vom 7. Dezember 2009

[19] www.csicop.org/si/show/cinema_fiction_vs._physics_reality/

„Ich habe die Bremse knallhart durchgedrückt. Ohne Erfolg. Mein Auto wurde immer schneller", berichtete die schockierte Toyota-Prius-Besitzerin Elisabeth James aus Denver dem Fernsehsender ABC.

„Unser Gaspedal klemmt. Wir sind in größten Schwierigkeiten!", rief der Autobahnpolizist Marc Sailor aus seinem sich unaufhaltsam beschleunigenden Lexus ES-350 in sein Mobiltelefon. „Wir rasen auf die Kreuzung zu!" Wenige Sekunden später prallte sein Fahrzeug in einen anderen Wagen, überschlug sich und ging in Flammen auf.

„Ausreißer-Toyotas" hießen die Wagen fortan in den US-Medien. Ein KFZ-Sachverständiger, der Polizei- und Gerichtsakten auf Toyota-Unfälle wegen verklemmter Gaspedale untersuchte, kam schon 2009 zu einem alarmierenden Ergebnis: 200 Unfälle mit insgesamt zwölf Toten hätten die unfreiwilligen Vollgas-Fahrten verursacht.

Der Toyota-Boss bekundete sein tiefstes Beileid. Und behauptete, die Fußmatten seien schuld, weil sie sich in Einzelfällen mit dem Gaspedal verhaken könnten. „Fußmatten raus, Gaspedal ausgetauscht, Problem gelöst", suggerierte der weltgrößte Autobauer. Lächerlich. Aberdutzende Toyota-Fahrer hatten genau beobachtet, dass keine Fußmatte ihr Gaspedal berührte und der Wagen sich trotzdem ungewollt auf bis zu 160 Stundenkilometer beschleunigte.[1]

Anfang 2010 veröffentlichte Toyota erste technische Details zur Ursache des klemmenden Gaspedals: Durch den Einsatz der Heizung bei kalten Temperaturen könne Kondenswasser entstehen und „zu erhöhter Reibung innerhalb des Bauteils führen". Mit der Folge, dass das Gaspedal „in seltenen Fällen langsamer als gewohnt in seine ursprüngliche Position zurückkehrt, oder in sehr seltenen Fällen in der betätigten Position verbleibt". Betroffen waren insgesamt acht Modelle des Konzerns. 3,8 Millionen Fahrzeuge mussten zur Überprüfung in die Werkstätten zurückbeordert werden – die größte Rückrufaktion in der Unternehmensgeschichte.

In Deutschland waren von der peinlichen Panne fast 216 000 Autos betroffen. Vorwürfe, der Autobauer habe schon 2007 von den Problemen mit klemmenden Gaspedalen gewusst und nichts unternommen, wies Toyota routinemäßig zurück.

Mit dem Qualitätssiegel „Made in Germany" wäre das natürlich nicht passiert.

Oder möglicherweise doch? Wegen Sicherheitsproblemen sind im Jahr 2009 deutschlandweit rund eine Million Autos zurückgerufen worden. Auf Platz zwei der Rückrufliste findet sich der VW-Konzern, der 80 000 Autos in die Werkstatt beorderte, darunter 23 000 VW Passat und Sharan wegen möglicher Probleme des Ausgleichswellenmoduls. Am stärksten betroffen war Opel mit 499 000 Fahrzeugen – darunter allein 266 000 Fahrzeuge der Kompaktmodelle Astra und Zafira, die wegen einer fehlerhaften Beschichtung des Hilfsrahmens in die Werkstatt mussten.

Beim Hersteller in Rüsselsheim hieß es dazu in einer Stellungnahme: „Wir nutzen kostenlose Serviceaktionen – die in die Rückrufstatistik mit einfließen – ebenso wie klassische Rückrufe ganz gezielt und proaktiv, um die Qualität unserer Automobile auf höchstem Niveau zu halten." So so. Fehler und Versagen werden uns also als besondere Form von Verantwortungsbewusstsein und Kundennähe verkauft. Perfide.

Made in Germany? Stimmt: Irgendwas scheint da faul zu sein, sodass überall eine dicke Made beziehungsweise der Wurm drinsteckt.

Beim neuen Auto löst sich die Motoraufhängung. Die Airbag-Kontrollwarnleuchte geht an und nie wieder aus. Die Heizung wärmt nicht richtig. Der Toaster explodiert. Bei der Kaffeemaschine berstet der Boiler. Das Handy-Ladegerät teilt Stromschläge aus. Das Notebook hat ein Hitzeproblem.

Ein großes Spielzeugunternehmen nimmt Kindertaschenlampen wegen eines Fehlers im Batterie-Schaft wieder vom Markt: „Es entsteht eine erstaunliche Hitze und spritzt stark", erklärt die Firmensprecherin. Ein Bekleidungshersteller startet eine Rückrufaktion für Damenpullover, die sich als leicht entflammbar herausgestellt haben. Ein Heimwerker-Mehrzwecktisch für die Holzbearbeitung wird wegen eines fehlerhaften Sicherheitsschalters zurückgezogen. Ein Mitbewerber sammelt Funkentstör-Platinen für die Modelleisenbahn wieder ein – in „ungünstigen Fällen" könne eine Brandgefahr nicht ausgeschlossen werden.

Murks in Germany?

An dieser vagen Ahnung vieler Verbraucher scheint tatsächlich etwas dran zu sein.

„Die Geräte sollen toll aussehen und funktionieren – aber dies nicht allzu lange", argwöhnte schon vor einigen Jahren der Wirtschaftsberater Günter Ogger: „Schließlich möchte man möglichst bald den Nachfolger des soeben frisch auf den Markt gebrachten, hoch innovativen Produkts verkaufen."[2] Und deshalb schade es nicht, wenn nach einiger Zeit irgendein kleines, aber entscheidendes Bauteil in dem hervorragend durchgestylten Apparat seinen Geist aufgibt. „Geplanten Verschleiß" nannte Ogger das.

„Entlarvungs-Wahn", schelten dagegen Vertreter von Industrie und Handel diese konspirologische Nörgelei. Hinter jedem Mangel ein gemeines Kalkül? Hinter jeder Panne eine geheime Verschwörung? Versuchen wir dieses Mysterium zu ergründen.

Anruf bei der „Stiftung Warentest". „Das gehört nicht zu unserem Rechercheumfeld", wehrt die Pressestelle schon nach den ersten Sätzen ab. Langlebigkeits-Tests habe man „nur mal mit Waschmaschinen" gemacht. Und da gebe es tatsächlich „gravierende Unterschiede" von drei Monaten bis zu elf Jahren". Allerdings verbiete sich daraus die „generelle Aussage, dass alles immer kurzlebiger wird". Ach wirklich?

Bei einer Dachorganisation verschiedener Verbraucherverbände zeigt man sich immerhin am Thema durchaus interessiert. „Interessante Frage", lobt der Referent für Produktsicherung. „Aber schwierig." Und kommt sodann selbst ins Grübeln. Zahlen? Daten? Statistiken? Fehlanzeige. Also ist es doch nur eine Unterstellung, dass die Produkte trotz ständiger Qualitätsbeteuerungen der Hersteller nicht besser, sondern eher schlechter werden? „Das ist vielleicht mehr als nur eine Vermutung", meint der Verbraucherschützer bedächtig. „Aber wir haben keine Fakten, weil uns die Industrie darüber nichts erzählt.

Haben denn die Beschwerden bei den Verbänden zugenommen? „Nö, eigentlich nicht." Aber das könne natürlich auch daran liegen, dass die Leute sich „schon damit abgefunden haben".

Etwas gesprächiger wird ein Mitarbeiter der Arbeitsgemeinschaft Deutscher Wirtschaftswissenschaftlicher Forschungsinstitute – nicht ohne eindringlich darauf hinzuweisen, dass er nur eine „logisch hergeleitete", keinesfalls aber empirisch gesicherte Meinung äußere. Und die stellt sich vereinfacht so dar:

Überall wird rationalisiert. Aus Sparsamkeitsgründen sind sowohl die Zulieferungs- wie auch die Produktionsprozesse bis zur letzten Minute und bis zum letzten Mann ausgereizt: „Es gibt einfach keine Puffer mehr. Schon kleinste Störungen im Produktionsablauf können dann weitreichende Wirkung haben." Außerdem erzeuge der mörderische Wettbewerbsdruck den Zwang, „schnell zu sein". Und das führt zu unausgereiften Produkten.

Das klingt tatsächlich einigermaßen logisch.

Schlendern wird doch nur einmal durch einen Elektro-Fachmarkt. Der größte Teil der Bevölkerung hat seinen Grundbedarf an Gebrauchsgütern längst gedeckt. Die Haushalte sind mit Fernsehern, HiFi-Anlagen, Waschmaschinen, Tiefkühltruhen, PCs und Handys ausgestattet. Neuer Bedarf kann fast nur noch durch geschmäcklerische Nuancen geweckt werden. Oder durch weitgehend sinnfreie technische „Innovationen", wie etwa Multi-funktionstasten für Funktionen, die kein Mensch braucht.

Oder die überaus verwirrend sind. Bei modernen MP3-Playern etwa wird die Taste zur Liedwiederholung gern mal mit der Abschaltfunktion belegt – beim blinden Bedienen ist das nicht gerade hilfreich. Daran ändern auch das schönste Touch-Display nur wenig, denn statt flüssiger Fingersteuerung lässt uns der Sensorbildschirm oft verzweifeln: Zu kleine Icons, die nur mit dem Fingernagel zu treffen sind, ellenlange Listen zum Durchscrollen oder Programme, die sich ungewollt öffnen, sind typische Ärgernisse.[3]

Ein Konstrukteur des deutschen Elektronik-Giganten Siemens gestand einmal offenherzig, dass er in 95 Prozent seiner Arbeitszeit über 95 Prozent der Handy-Optionen brüte, die dann nur fünf Prozent der Käufer nutzen.

Und die 40 Programmspeicher an neueren Autoradios? Nichts weiter als Abfallprodukte eines konkurrenzbedingten Entwicklungswahns. Und der hat zweierlei Folgen: Immer komplizier-tere Extras erhöhen das Risiko von Fehlfunktionen. Zugleich ver-kürzt sich die Lebensdauer der Güter.

Alle paar Monate kommt eine neue Computergeneration auf den Markt. Mindestens so rasch wird das kleinste Handy vom noch kleineren abgelöst. Kaum länger als ein Jahr haben die An-bieter mittlerweile Zeit, ihre neuen Modelle zu verkaufen. Dann wird das vormalige High-Tech-Wunder schon wieder als Rest-posten verhökert.

Was zählt, ist nur noch „time to market" – die Zeit also, bis ein neues Produkt auf den Markt kommt. Das irrwitzige Tempo fordert seinen Preis. Die Unternehmen lagern die Tests einfach aus, erklärt der Schweizer Wirtschaftshistoriker Jakob Tanner: „Heute werden Produkte vielfach direkt auf dem Markt getes-tet, vorherige gründliche Untersuchungen entfallen." Verstärkter Wettbewerb bedeutet für die Unternehmen auch, dass die mehr wagen müssen. „Da gehören Fehler dazu."

Etwa diese: Handys, Digitalkameras oder MP3-Spieler zeigen die Restlaufzeit des eingelegten Akkus ungenau an. Nicht selten mutiert ein voller Balken urplötzlich zur Warnung „Akku leer" und das Gerät verabschiedet sich.

Oder: Das digitale HDMI-Kabel überträgt Bild und Ton in toller Qualität. Aber die Technik hat anscheinend noch ihre Macken, anders sind spontane Bild- und Tonausfälle mitten im Film nicht zu erklären. Oder: Egal, wie herum man eine SD-Speicherkarte in die Digitalkamera steckt – mit etwas Druck gelingt es. Mit etwas Pech sind aber auch die Kontakte im Kartenfach hinüber. Oder die Fernbedienung, die ihren Namen gar nicht verdient und nur aus kurzer Distanz funktioniert und seitlich vom Fernseher gar nicht.[4] Bei vielen Geräten ist der Infrarotempfänger sogar so empfindlich, dass man genau auf ihn zielen muss, um das Gerät bedienen zu können.

Auch der Autokäufer „muss sich heute als das letzte Glied in der Entwicklungskette betrachten", kommentierte das Fachblatt *Auto, Motor, Sport* die unzähligen Rückrufe der vergangenen Jahre. Die Gründe sind weitgehend dieselben wie in der Konsumgüterindustrie. Zum Beispiel kürzere Modell-Zyklen und hektische Entwicklungszeiten.

Der erste „Golf" etwa entstand noch in 50 Monaten. Die vierte Auflage kam schon nach 31 Monaten in die Verkaufssalons. „Nur ein Dummkopf glaubt, dass sich in drei Jahren ein neues Auto konstruieren lässt", ätzte der ehemalige VW-Chefentwickler Ernst Fiala. Aus Prestige- und Wettbewerbsgründen will jedoch jeder Hersteller mit seinem Produkt als Erster auf dem Markt sein. Somit „reift" die Ware oft erst beim Kunden. Experten raten wohlweislich davon ab, von einem Auto oder einem Elektrogerät die erste Generation zu kaufen.

Zweitens: Die Technik wird immer komplizierter. Der Elektronikanteil im Auto wird sich bis zum Jahr 2015 mindestens verdoppeln, schätzen Experten – von heute etwa 20 Prozent auf über 40 Prozent. Allerdings sind Defekte bei elektrischen und elektronischen Komponenten zugleich auch Pannenursache Nummer eins beim Auto. Und über all dem schwebt ein immenser Kostendruck.

Kleinwagen sind längst so knapp kalkuliert, dass überall gespart wird. Und oft eben auch zu viel. Mal ist ein Kabel zu kurz, mal eine Fassung zu klein. Doch dafür sind keine geheimnisvollen Drahtzieher verantwortlich – sondern letztendlich auch die Käufer selbst. „Die Kunden verlangen zwar neue Technologien und eine höhere Funktionalität, sind aber nicht bereit, dafür mehr zu zahlen", heißt es in einer McKinsey-Studie.

Für ein Fahrzeug der Kompaktklasse dürfte nach Einschätzung der Fachleute bis zum Jahr 2015 der Preis inflationsbereinigt in etwa auf dem heutigen Niveau verharren: „Die Stagnation der Endpreise und der Wettbewerbsdruck, dem Kundenwunsch nach mehr Funktionalität nachzukommen, zwingt die Automobilhersteller, unter den derzeit ohnehin schlechten wirtschaftlichen Rahmenbedingungen weiterhin Kosten zu sparen und eine höhere Produktivität zu erzielen".[5]

Also keine Verschwörung? Sondern nur zunehmende Wettbewerbsintensität und gestiegene Komplexität der Produkte? Es sieht fast danach aus.

Und dann, plaudert ein Mitarbeiter vom IKEA-Kundenservice in seinem persönlichen Weblog aus, gibt es noch einen weiteren Grund für die Vielzahl der Reklamationen. Vielleicht der beunruhigendste von allen. Nämlich wir. Sprich: unbedarfte Anwender.

Beispiel: „Der Kunde kauft zwei Gigabyte Ram (Arbeitsspeicher) für seinen PC beim Einzelhändler und verbaut diesen in seinem PC. Selbiger will nicht starten oder es tauchen Fehler auf. Im ersten Moment würde man jetzt sagen, dass hier ein Produktfehler vorliegt, denn wo soll hier falsch hantiert worden sein? Der Kunde hat aber leider eins nicht bedacht, als er seinen PC aufgeschraubt, den Speicherriegel verbaut und den PC wieder zugeschraubt hat: Bei ungünstigen Bedingungen (z.B. Teppich) wird der menschliche Körper statisch aufgeladen und beim

Anfassen des Arbeitsspeichers hat eine elektrische Spannung das neu erworbene Teil zerstört."[6]

Das ist ernüchternd. Kaum zu ertragen. Und bringt uns dennoch wieder zu unserem Ausgangspunkt zurück.

Der Immobilienmakler James Sikes aus Kalifornien machte im März 2010 weltweit Schlagzeilen: Er rief bei Tempo 145 die Polizei an. Sein Toyota Prius beschleunige von allein. Die Polizei erklärte dem geschockten Mann, wie er mit der Handbremse das Fahrzeug anhalten solle. Erst ein kontrollierter Unfall mit einem Streifenwagen stoppte die Horrorfahrt.

Seltsam daran: Das Tempo-Drama auf der viel befahrenen Interstate 8 bei San Diego „scheint nicht plausibel möglich zu sein", hieß es eine Woche später in einem Prüfbericht der amerikanischen Highway-Sicherheitsbehörde NHTSA. „Was genau James Sikes passiert ist, wird er möglicherweise nur selbst wissen", rätselten auch die Medien. „Doch sein Auto, das legen die Tests nahe, war offenbar nicht das Problem."[7]

Ebenso wenig bei der 56-jährigen Fahrerin, die etwa zur selben Zeit ihren Toyota Prius in einem New Yorker Vorort frontal gegen eine Mauer fuhr. Der Wagen habe ohne ihr Zutun plötzlich beschleunigt, sagte sie der Polizei. Bremsen habe nichts genützt. Aber die Auswertung des Bordcomputers ergab, dass die Frau auf abschüssiger Straße gar nicht gebremst hatte.

Und nun? Sollen wir etwa an schlichte Fahrfehler glauben? Nein. Lassen wir uns nicht irreleiten: Es gibt die Murks-Verschwörung. Oder warum ist gerade eben ein ganzer Abschnitt dieses Kapitels verschwunden? Beim Drücken der Einfügen-Taste …

Anmerkungen

[1] Zit. nach www.tagesschau.de/wirtschaft/toyota150.html
[2] Ogger, G. (1996): König Kunde. Angeschmiert und abserviert.
    Droemer-Knaur, München
[3] Zit. nach www.chip.de/bildergalerie/System-Error-
    Die-55-nervigsten-Technik-aergernisse-Galerie_37341843.html
[4] Zit. nach www.bild.de/BILD/digital/technikwelt/2009/03/20/die-
    groessten-technik-aergernisse/nervtoeter-von-anschlusskabeln-bis-
    zollangaben.html
[5] www.perspektive-blau.de/artikel/0405b/print.htm
[6] http://mandrealia.de/2010/01/18/wenn-der-produktfehler-ein-
    hantierungsschaden-ist/
[7] www.welt.de/motor/article6782774/War-die-Horrorfahrt-im-Toyota-
    Prius-nur-erfunden.html

Die Benzinpreis-Verschwörung

Wofür sind die Illuminati eigentlich wirklich verantwortlich?

„Für den hohen Benzinpreis und dafür, dass am Wochenende kein Klempner mehr ins Haus kommt", sagt kein Geringerer als der Schöpfer der „Illuminatus!"-Trilogie, Robert Anton Wilson.[1] Verständlich also, dass das ehemalige deutsche Staatsoberhaupt Horst Köhler in verschiedenen Online-Foren schnell als „von den Illuminaten kontrollierter Vasall"[2] enttarnt wurde, als er im Frühjahr 2010 höhere Benzinpreise forderte.

Und dennoch bleibt der Ärger über teuren Sprit an den Tankstellen so sinnlos wie das Schimpfen aufs Wetter. Denn solange die Verschwörung nicht aufgeflogen oder ihre Nichtexistenz unzweifelhaft erwiesen ist, kann keine Verschwörungstheorie endgültig verifiziert oder falsifiziert werden.[3]

Klar, jeder weiß, dass direkt vor Feiertagen die Benzinpreise auf Höhenflug gehen. Sogar die Kanzlerin. „Dass sich gerade immer Ostern die Dinge so entwickeln, wie sie sich entwickeln, und der Benzinpreis steigt, da fragen die Menschen sich zu Recht: Warum ist das eigentlich so?", sinnierte Angela Merkel in den Fernsehnachrichten.[4] Eine Antwort darauf gab sie nicht. Nur zu der Ankündigung, „einmal durch das Kartellamt auch auf die Unternehmen zu schauen", rang sich die Bundeskanzlerin durch.

Und was passierte? Wie üblich nichts. Denn das Bundeskartellamt hält eine Verschwörung der Ölkonzerne gegen die Autofahrer mit schöner Regelmäßigkeit für „unwahrscheinlich".[5] Dass Benzin teurer wird, sobald das Wochenende, Feiertage oder Ferien nahen, habe etwas mit „Preissetzungsmustern" zu tun. Diese Muster „werden von den Tankstellenunternehmen ohne die Notwendigkeit einer Preisabsprache oder vergleichbarer wettbewerbswidriger Maßnahmen eingesetzt".

Ah ja. Die Behörde bescheinigt damit der Ölbranche tatsächlich einen funktionierenden Wettbewerb – trotz der Tatsache, dass ein Oligopol aus den fünf großen Konzernen Aral, Shell, Jet, Esso und Total das Preisgeschehen fest im Griff hat. Auch andere Abwiegler, wie etwa ein Rohstoffexperte der Commerzbank, glauben nicht an geheime Absprachen: „Da gibt es so viele Marktteilnehmer. Ein einzelner kann den Preis nicht beeinflussen."[6]

Zugegebenermaßen sind hohe oder steigende Preise nicht zwingend ein untrügliches Zeichen für einen Mangel an Wettbewerb. Möglicherweise liegt das tatsächlich an steigender Nachfrage. Oder am schwachen Euro. Oder an Spekulanten, die an Terminbörsen auf dem Papier Öl kaufen, das noch gar nicht gefördert wurde, und damit einen künstlichen Nachfrage-Boom erzeugen. Oder an der OPEC. Oder woran auch immer.

Aber dass sonntags allerorten die Preise plötzlich sinken, ist wohl auch purer Zufall? Nun, das nicht gerade. Am Wochenende sind bloß die Preisabteilungen der Ölkonzerne nicht oder nur mit einem Notdienst besetzt. Dann bestimmt vor Ort oftmals der Tankstellenpächter die Preise – und der senkt sie schon mal, weil er möglichst viele Kunden anlocken will.[7]

Was also sollen wir über die hohen Benzinpreise denken? Dafür, was als eine Verschwörung zu gelten hat, gibt es keine eindeutigen Kriterien. Was der Rest der Menschheit für eine Verschwörung halten würde, kommt den Verschwörern selbst häufig als ganz normales, interessegeleitetes Handeln vor. Vielleicht ist das auch in diesem Fall so, wo wir zwangsläufig in einer Grauzone zwischen Beweisen, Indizien, Vermutungen und Phantasie operieren müssen.

Bleibt die Frage, ob und was man dagegen tun kann. Für manche Zeitgenossen ist das ganz einfach: Wir, die Verbraucher, zwingen die Ölkonzerne in die Knie. Wie das geht, steht in diversen Ketten-E-Mails zu lesen, die in Zeiten drastischer Benzinpreissteigerungen massenhaft in unseren Postfächern landen.

Das liest sich dann originalgetreu zum Beispiel so:

„Betreff: Benzinpreise senken durch gemeinsames Handeln
BITTE LESEN UND FLÄCHENBRANDMÄßIG WEITER-
LEITEN!!!!!

Die Benzinpreise werden demnächst ein absolutes Rekord-
hoch erreichen.

Ihr wollt, dass die Benzinpreise sinken? Das bedarf einer
intelligenten und vor allem einer schlagkräftigen GEMEINSA-
MEN Aktion. Phillip Hollsworth hatte die folgende Idee, welche
VIEL MEHR SINN MACHT als Vorschläge wie, dass man an
einem bestimmten Tag nicht tanken soll (wie schon mehrfach
vorgeschlagen wurde).

Die Ölfirmen lachen darüber, weil sie genau wissen, dass wir
uns nicht endlos selber ‚wehtun', indem wir kein Benzin kaufen.
Irgendwann müssen wir wieder nachtanken. Diese Idee ist mehr
eine Unbequemlichkeit für uns, als dass sie den Mineralölfirmen
schadet.

Diese neue Idee kann wirklich den Benzinpreis senken. Voraussetzung: KONSEQUENTES MITMACHEN!!! Wir haben die
Macht als Kunden und nicht die Mineralies.

Deshalb: Für den Rest des Jahres KONSEQUENT KEIN
BENZIN MEHR BEI DEN BEIDEN GRÖSSTEN ANBIETERN
KAUFEN (SHELL UND ARAL)!!!!! WENN SIE KEIN BEN-
ZIN MEHR ABSETZEN, SEHEN SIE SICH GEZWUNGEN,
DIE PREISE ZU SENKEN UM DIE KUNDEN WIEDER AN-
ZULOCKEN.

Wenn die beiden ‚Großen' die Preise senken, werden die anderen Firmen folgen. Sollten sie dann die Preise doch wieder
erhöhen, geht das Spiel von vorne los ... Um mit diesem System
erfolgreich zu sein, müssen möglichst viele Leute davon wissen.
Also schickt diese Mail an alle, die ihr kennt.

Bestenfalls an 30 Leute – und wenn jeder dieser Empfänger
diese Nachricht auch wieder ähnlich verbreitet, wird hieraus ein
FLÄCHENBRAND und in kürzester Zeit werden mehrere Millionen Verbraucher erreicht. BITTE ALLE MITMACHEN, BIS

DIE ABZOCKER IHRE PREISE SENKEN UND AUCH UN-
TEN HALTEN.

DIESES SYSTEM HAT SCHON IN ANDEREN LÄNDERN
FUNKTIONIERT (z. B. KANADA, wo dadurch der Preis um
12 Cent pro Liter nach unten gezwungen wurde). INSBESON-
DERE IN DER ZEIT DER ANSTEHENDEN FEIERTAGE
UND SOMMERFERIEN KÖNNEN WIR VIEL ERREICHEN.
DIE FIRMEN ‚LIEBEN‘ SOLCHE EREIGNISSE.

ALSO: AUF DIE PLÄTZE, FERTIG, LOS!“

Klingt verlockend – auch wenn niemand weiß, wer besagter
Phillip Hollsworth ist und ob er wirklich existiert. Was wir aller-
dings wissen, ist, dass Kettenbriefe noch niemals ein geeignetes
Mittel waren, um seriöse Anliegen zu verbreiten. So auch in
diesem Fall. Trotz eines gewissen Medieninteresses an solchen
Aktionen und trotz berechtigter Kritik an der Preispolitik der
Mineralölkonzerne.

Denn selbst wenn alle Autofahrer zu einem gemeinsamen
und koordinierten Handeln zu bewegen wären: Das Ganze würde nichts bringen.

Denn Ölmultis besitzen ja nicht nur Tankstellen – sondern
auch Ölquellen und Raffinerien. Hauptsächlich damit erzielen
die Konzerne ihre Milliardeneinnahmen. Darüber hinaus ist es
ein Irrglaube, dass die Mineralölkonzerne Benzin nur an ihren
eigenen Markentankstellen losschlagen. In Wahrheit können sie
jederzeit auf andere Märkte damit ausweichen, und nicht nur
ins Ausland.

Die verschiedenen Firmen im Ölgeschäft handeln auch mit-
und untereinander. Wenn durch einen Tankboykott das Gleichgewicht an der Schnittstelle von Angebot und Nachfrage sich
zuungunsten der „bösen“ (also der teuren) Anbieter verschie-
ben würde, weil alle Autofahrer nur noch bei den „guten“ (also
den billigeren) tanken, dann wären die „Bösen“ mitnichten dadurch bestraft.

In der Realität wären nämlich die „Guten“ sehr schnell gezwungen, auf die ungewohnt und anhaltend hohe Nachfrage

mit Großeinkäufen bei den „Bösen" zu reagieren, weil ihre eigenen Bestände gar nicht ausreichen. Somit würden auch die „Bösen" fast genauso viel Benzin verkaufen wie vorher. Und für die Endverbraucher würde der Kraftstoff noch teurer werden, weil dann an jeder Tankstelle gleich zwei Anbieter abkassieren: die „Guten" und die „Bösen".

Ein Boykott bestimmter Tankstellen würde letztendlich nur den Pächtern schaden. Also denjenigen, die ohnehin am allerwenigsten davon profitieren, wenn der Sprit teurer wird. Denn der Tankstellenpächter erhält eine Provision, die zwischen 0,8 und einem Euro-Cent pro Liter beträgt.[8] Je mehr er verkauft, desto besser.

Eigenmächtig darf der Pächter den Benzinpreis nicht ändern. Er berichtet nur der Zentrale, was die umliegenden Mitbewerber verlangen. Der Konzern entscheidet dann über eine Anpassung. Der Pächter würde mithin auch lieber niedrige Zahlen an den Preistafeln sehen.

Allerdings: Die Provisionen für den Sprit machen ohnehin nur etwas mehr als 20 Prozent des Verdienstes der Tankstellenpächter aus. Seine Haupteinnahmequelle ist nicht die Zapfsäule, sondern der Shop. Doch auch der ist gelinde gesagt nicht gerade billig.

Das Branchenblatt *tankstelle* schickte Journalisten los, die einen Warenkorb zusammenstellten und auf Testkauf gingen. An zwei Tankstellen, einem Supermarkt und einem Discounter erwarben die Tester 15 identische Waren, von frischen Brötchen über Sekt bis zur Tiefkühlpizza. Insgesamt kostete der Warenkorb bei Kaufland 22,58 Euro, bei Plus 22,87 Euro, an der Tankstelle 40,58 Euro (Esso) beziehungsweise 40,63 Euro (Tamoil). Das sind mithin Aufschläge von fast 100 Prozent. Gerüchtehalber manchmal auch mehr.

Noch so'n Rätsel.

Anmerkungen

[1] „Die Fröhlichen leben in einem fröhlichen Universum, die Traurigen in einem traurigen". Ein Gespräch mit Robert Anton Wilson in: Burstein, D. (2005): Die geheime Bruderschaft. Goldmann, München

[2] Z. B. www.nonkonformist.net/3561/die-made-im-speck-brd-prasident-fordert-hohere-benzinpreise/

[3] Zit. nach Richard Herzinger: „Kulturkonspirateure". In: Kursbuch 124, Juni 1996

[4] RTL-Nachtjournal am 31. März 2010

[5] Kartellamt hält Absprachen für unwahrscheinlich. *Spiegel-Online* am 31. März 2010

[6] Warum Autofahren vor den Ferien teurer wird. *Focus-Online* am 29. März 2010

[7] Tanken Sie nur Donnerstag oder Sonntag! *Welt-Online* am 30. März 2010

[8] Warum Autofahren vor den Ferien teurer wird, *Focus-Online* am 29. März 2010

Die Kondensstreifen-Verschwörung

Gleich vorweg: Dieses Kapitel ist ein „Leugnungs-, Bagatellisie-rungs- oder Rechtfertigungsversuch".[1] Natürlich wissen wir, dass es ein weltweites Chemtrail-Komplott[2] gibt. Aber schließlich wird „zurzeit von offiziellen Stellen und den Mainstream-Medien (noch) die Taktik verfolgt, das nahezu tägliche Sprühen durch speziell dazu ausgerüstete Sprühflugzeuge zu leugnen", wissen wir von der Webseite *chemtrails.info*.[3] Also machen na-türlich auch wir mit bei der Vertuschung.

Worum geht es überhaupt? Und was sind „Chemtrails"?

„Es gibt Leute, die blicken an sonnigen Tagen immer wieder sorgenvoll zum Himmel", antwortete beispielsweise das *Focus*-Magazin auf eine entsprechende Leserfrage. „Zeigen sich dort bestimmte Kondensstreifen, steht für sie fest: Sie haben wie-der gesprüht. Dann fürchten sie um ihre Gesundheit. Denn wer kann schon wissen, welche Auswirkungen der Sprühnebel hat ..."[4]

Der Begriff „Chemtrails" leitet sich vom englischen „contrail" (Kondensstreifen) her. Anders als ein normaler Kondensstreifen soll ein Chemtrail jedoch Chemikalien enthalten, die entweder durch eigens an Flugzeugen angebrachte Düsen versprüht oder aber dem Treibstoff zugesetzt werden.

Chemtrails „lösen sich angeblich nicht auf, sondern bleiben in der Luft hängen, wobei sie oft perlschnurartige Ausbuchtun-gen bilden und sich fächerförmig verbreitern", hieß es im *Focus* weiter: „Vielfach zeichnen kreuzende Chemtrails ein Gittermus-ter ins Himmelsblau. Am Ende quellen sie zu eigenartigen Wol-kenformationen auf, bevor sie zu einem diffusen Nebel ver-schmelzen. Solche Streifen sollen früher (in Deutschland vor dem Jahr 2000) nicht beobachtet worden sein, auch auf alten Fotos seien sie nicht zu finden."

Und da auch das Münchner Nachrichtenmagazin zu den Desinformationsmedien des Mainstream gehört, waren die Schreiberlinge natürlich schnell mit dem Schmähbegriff „Verschwörungstheorie" bei der Hand: „Sie [die Entdecker/Beobachter] haben auch eine Erklärung für das Phänomen zur Hand. Danach sollen Militär- und Linienmaschinen regelmäßig im Flug winzige Metallpartikel, Bariumsalze etwa oder pulverisiertes Aluminiumoxid, freisetzen. Diese chemischen Substanzen bilden dann die Chemtrails. Beide Metalle strahlen einen Teil des Sonnenlichts zurück ins All. Die Einstrahlung der Sonne wird vermindert und der durch Treibhausgase ausgelöste Treibhauseffekt so zumindest teilweise kompensiert. Auf diese Art kühlen die Chemtrails die Erde. Und darum geht es dem Auftraggeber der Sprühaktion ...

Dieser ist – gewiefte Leser ahnen es – die US-Regierung. Sie weiß, dass der verschwenderische Lebensstil der Amerikaner eine Klimakatastrophe herbeiführen kann. Doch statt den Energieverbrauch zu drosseln, behält die Regierung lieber ihren industriefreundlichen Kurs bei. Sie möchte den großen Konzernen die bei konsequenter Klimaschutzpolitik zu erwartenden Gewinneinbußen ersparen und vergiftet dafür die Atmosphäre. Zur Durchführung des Projekts steckte sie Chemiker, Chemiefirmen, Piloten und Luftlinien unter eine Decke, ließ die Flugzeuge umrüsten und veranlasst die Flugzeugbesatzungen, bei geeignetem Wetter zu sprühen ...

Wir haben also, leicht erkennbar, wieder eine der vielen Verschwörungstheorien vor uns, die ein ganzes Literaturgenre bilden und von denen das Internet nur so brummt ..."[5]

Aha. So einfach ist das also. Eine Verschwörungstheorie. Doch zum Glück gibt es einige unverdrossene Wahrheitssucher, die sich nicht abwiegeln lassen.

„Ich habe am 27. April den Himmel über Münster beobachtet", kommentierte ein Leser sogleich den zitierten Artikel. „Gegen zehn Uhr war der Himmel überwiegend klar. Plötzlich tauchten überall am Firmament ‚Kondensstreifen' auf, die, anstatt sich aufzulösen, immer breiter wurden. Zwei Stunden später war der ganze Himmel in eine milchige Suppe verwandelt. Ich sehe, was ich sehe! Und ich lasse mich nicht als Verschwörungstheoretiker abstempeln."

Recht so. Auch andere Kommentatoren machten ihrer Empörung Luft: „Ich habe mich nur geärgert über den Artikel. Ich habe schon viele Chemtrails beobachtet, und für Tage danach gibt es eine weiße dicke Wolkenschicht und die Sonne kommt kaum mehr durch. Das ist doch eine Frechheit sondergleichen!!!"

Oder: „Wenn da angeblich nichts in den Himmel gesprüht wird, wie erklären Sie sich dann bitte die nicht verschwindenden Kondensstreifen, die sich tatsächlich zu Schleierwolken ausbreiten? Man braucht doch nur in den Himmel zu sehen! Denn komischerweise verschwinden normale Kondensstreifen. Und glauben Sie ernsthaft, man würde uns Bürgern die Wahrheit sagen über Wettermanipulationen?"

Gute Frage. Hören wir uns diesbezüglich mal ein wenig um. Zum Beispiel bei der „International Conference on Climate Intervention Technologies", die im März 2009 im kalifornischen Asilomar stattfand. Klar ist: Das Geoengineering, die gezielte Beeinflussung von Wetter und Klima, wird heiß diskutiert. Mehr als 150 Konzepte für den Kampf gegen Klimawandel und Unwetter gibt es mittlerweile. Damit sollen vor allem Tornados und Hurrikane gebremst oder abgelenkt sowie die Atmosphäre von Kohlendioxid (CO_2) befreit werden.

Schon seit vielen Jahren im Einsatz sind etwa Hagelflieger, zum Beispiel im Landkreis Rosenheim und im US-Bundesstaat Wyoming. Die Piloten fliegen mit ihren Maschinen in eine Wolke und versprühen dort Silberjodid. An diesen Teilchen kondensieren Wassertröpfchen und bilden schwere Tropfen, die sich dann abregnen – bevor sie zum Beispiel auf Acker- und Obstkulturen niedergehen oder sich zu faustgroßen Hagelkörnern sammeln.

In Russland haben Techniker dieses Verfahren eingesetzt, damit es bei Militärparaden nicht regnet, in China sollten damit die Wettbewerbe der Olympischen Spiele 2008 geschützt werden. Das hat jedoch nicht immer funktioniert: Einige Ruder-Regatten fielen wegen starker Niederschläge aus.

Forscher haben auch schon Eisenpulver auf die Meeresoberfläche gestreut, um das Wachstum von Algen zu beschleunigen, die CO_2 binden. Andere Möglichkeit: Um die Erdatmosphäre abzukühlen, sollen Sonnenstrahlen schon in der Stratosphäre abgeblockt werden. Einige Wissenschaftler wollen zu diesem Zweck Aerosole oder Schwefeldioxid in diesem „zweiten Stockwerk" der Erdatmosphäre (in zirka 15 bis 50 Kilometer Höhe) verteilen, um die Strahlen aufzuhalten. Physiker der University of Arizona wiederum möchten einige Billionen durchsichtige Scheiben als Reflektoren in die Umlaufbahn schießen. Oder aber sämtliche Schiffe auf allen Weltmeeren mit einem Zusatzgerät ausstatten, das Meereswasser an der Oberfläche aufwirbelt. Die feinen Luftbläschen würden dann die Meere und die Luftschichten darüber abkühlen.[6]

Und so weiter, und so fort.

Schon von dieser flüchtigen Betrachtung her wird deutlich, dass die diversen Pläne eher abenteuerlich als ausgereift klingen. Welche unerwünschten Nebeneffekte solche Technologien auf das Klima hätten, ist noch gar nicht erforscht.

Zum Beispiel die Frage, „welchen Einfluss das künstlich produzierte diffuse Licht auf verschiedene Ökosysteme hat", sagt der Wissenschaftsjournalist Eli Kintisch. Nach Einschätzung des Autors von „Hack the Planet" sei Geoengineering zwar eine schlechte Idee – die Zeit dafür aber gekommen. Denn: „Ein verzweifelter Politiker könnte in 30 Jahren entscheiden, den Planeten kühlen zu wollen. Wenn Wissenschaftler die Techniken jetzt nicht erforschen, können sie den Politiker dann nicht über die Konsequenzen aufklären."[7]

Das klingt alles in allem wenig verschwörerisch. Und damit wären wir im Grunde wieder bei dem Begriff „Verschwörungstheorie", denn Verschwörungstheorien handeln von imaginären Verschwörungen. Ist die Sache mit den Chemtrails am Ende vielleicht doch bloß eine Luftnummer?

Unübersehbar sind jedenfalls die zahlreichen typischen Merkmale einer Verschwörungstheorie. Widersprüchlichkeiten zum Beispiel.

Dass Chemtrails irgendwas mit dem Treibhauseffekt machen sollen, ist nur eine von zahllosen Vermutungen – und noch die harmlosere Variante. Ob mithilfe der chemischen Kondensstreifen nun ruhigstellende Drogen ausgesprüht oder unbekannte Medikamente getestet oder heimliche Massenimpfungen durchgeführt oder todbringende Bio-Kampfstoffe freigesetzt werden, die die Weltbevölkerung um zwei bis vier Milliarden Menschen reduzieren sollen, oder ob es sich um ein Geheimprojekt zur Geburten- und/oder Gedankenkontrolle handelt, wird von der globalen Community der Chemtrail-Beobachter hingebungsvoll kontrovers diskutiert.

Ebenso wie die vermeintliche Zusammensetzung von Chemtrails. Am häufigsten genannt werden Metalloxide, insbesondere Aluminiumoxid sowie verschiedene Bariumsalze, aber auch Benzol, Blei und andere Additive des militärischen Mehrzwecktreibstoffs JP-8. Daneben sollen sich sogar „künstliche, laborgenerierte Lebewesen" oder auch nur simple natürliche Mikroorganismen in den Chemiestreifen tummeln. Selbst wenn diese – wie etwa das Darmbakterium *Escherichia coli*[8] – für eine Verwendung als Waffe völlig ungeeignet sind und beim Versprühen in 10 000 Metern Höhe austrocknen und den Erdboden gar nicht lebend erreicht würden.

Nichtsdestotrotz erklären die Pseudo-Kondensstreifen „auch den rapiden Anstieg der Allergien, Hautkrankheiten und psychischen Leiden … Sie vergiften unsere Umwelt und uns selbst und tragen zu Krankheiten und schließlich zu einer Veränderung der Spezies Mensch bei".[9] Und natürlich halten die vielen Tausend Beteiligten an dieser weltumspannenden Verschwörung – Piloten, Techniker, Fluggesellschaften, Flugsicherung, Luftraumüberwachung, Firmen, Forschungsinstitute, Wetterdienste etc. – eisern dicht.

Wer ist für diesen Wahnsinn verantwortlich? Natürlich die üblichen Verdächtigen. Und zwar alle. Ausnahmslos. Die UNO. Die WHO. Die Weltbank. Okkulte Logen unter Leitung der Illuminaten. Die Freimaurer. Die Bilderberger. Die CIA. Das Weiße Haus.

Kurz gesagt halten mal wieder sämtliche nur vorstellbaren „hoch organisierten, mächtigen Drahtzieher" mit ihren „höchst egoistischen Profit-, Geld-, Kontroll-, Monopol- und Alleinherrschaftsinteressen den Schlüssel zum Verständnis der zynischen, lebensverachtenden, geheim gehaltenen Chemtrails-Praktiken" in der Hand, erfahren wir auf der Internetseite *chemtrails-info*. Und genau so wie dieses Ungetüm von einem Satz bricht auch die gesamte Chemtrail-Theorie unter der Last ihrer eigenen Implausibilität zusammen.

Nehmen wir zum Beispiel die verheerenden Folgen des Chemtrail-Geheimprogramms: Von „vielen Milliarden Toten und unabsehbaren Umweltschäden" ist beim *chemtrail-info* die Rede, von „Dürreperioden" und der „Vernichtung von Pflanzen und Tieren". Uns Unwissenden entziehen die Aktionen der Verschwörer das „lebensnotwendige Licht, die Atemluft und damit eine gesunde Lebensbasis". Gerade so, als lebten die konspirativen Widerlinge auf einem anderen Planeten und könnten sich vollständig von den genannten Entwicklungen abkoppeln.

Doch halt: „Die Eliten haben selbstverständlich ihren Schutz gegen die Wirkungen von Chemtrails", lesen wir auf einer „Infokrieg"-Seite.[10] Ohne weitere Erklärung dazu. Und spätestens an dieser Stelle wird die ganze Angelegenheit nur noch albern.

Was hat es mit diesen „komischen Kondensstreifen" tatsächlich auf sich, von denen viele Beobachter immer wieder berichten? Dazu ein kleiner Crashkurs in Sachen Wetterkunde.

Als wichtigstes Unterscheidungsmerkmal von Chemtrails im Vergleich zu gewöhnlichen Kondensstreifen wird ihre lange Lebensdauer bis zur Auflösung genannt. Die Giftschleudern sollen länger als zwanzig Minuten bis mehrere Stunden sichtbar sein und allmählich ausfasern, sich zerflocken oder gar pilzförmige Auswüchse nach oben entwickeln. Häufig sollen sie auch nur abschnittsweise fortbestehen und sich dazwischen auflösen, was mit „Intervallsprühen" begründet wird.

Das flächendeckende Besprühen großer Gebiete soll zu unregelmäßigen Gittermustern mit entweder parallelen, gekreuzten oder gekrümmten Streifen führen. Da aber Geraden in einer Ebene zwangsläufig entweder parallel oder gekreuzt verlaufen, wird jede Kombination langlebiger Kondensstreifen über einem Gebiet eines dieser Kriterien erfüllen.

Interessant ist die weitere Wetterentwicklung nach einem unterstellten Chemtrail-Einsatz. Die Chemtrails sollen im Verlauf mehrerer Stunden in faserige Wolkenstreifen oder eine diffuse Schicht in großer Höhe übergehen. In dieser Schicht sollen dann häufig ringförmige Reflexe um die Sonne zu beobachten sein, sogenannte Halos. Später sollen diese dünnen Wolken in eine dickere, geschlossene Schicht übergehen.

Will man der Verschwörungstheorie nicht ungeprüft Glauben schenken, dann stellt sich somit die Frage, unter welchen atmosphärischen Bedingungen gewöhnliche Kondensstreifen natürlicherweise die genannten Eigenschaften von Chemtrails aufweisen können.

In einem Flugzeugtriebwerk verbrennt Kerosin (ein Gemisch von Kohlenwasserstoffen) in der komprimierten Umgebungsluft. Die Abgase enthalten somit – neben heißer, komprimierter Luft – Kohlendioxid, Wasserdampf und einige Rußpartikel. Nach dem Ausströmen aus dem Triebwerk dehnen sich die Gase aus und kühlen sich auf die Umgebungstemperatur (in Reiseflughöhe meist unter minus 50 Grad Celsius) ab. Dadurch kondensiert der enthaltene Wasserdampf an Partikeln zu kleinen Eiskristallen.

Bei Kondensstreifen handelt es sich somit um langgestreckte, künstlich erzeugte Eiswolken. Von natürlichen Wolken unterscheiden sie sich neben der Form vor allem dadurch, dass sie kurzfristig auch in Luftmassen existieren können, in denen sich mangels Feuchtigkeit oder durch absinkende Luft keine natürlichen Wolken bilden würden. Dort sollten sie sich aber in der Regel schnell auflösen.

Befindet sich eine Luftmasse hingegen bereits an der Schwelle zur Wolkenbildung, so löst sich ein Kondensstreifen nicht auf. Stattdessen wird er sich in gleicher Weise weiterentwickeln wie eine an derselben Stelle natürlich entstandene Wolke. Dies kann zum Beispiel der Fall sein, wenn die Temperaturverteilung in der Höhe das Entstehen von Quellwolken begünstigt. In diesem Fall werden pilzförmige Auswüchse (Castellanus- oder Türmchenwolken) auf dem Kondensstreifen entstehen, genau wie es als Kennzeichen von Chemtrails genannt wird.

Häufiger tritt in Höhen, in denen Kondensstreifen zu beobachten sind, die Bildung dünner, zum Teil aber durch lokale Auf- und Abwinde fragmentierter Schichtwolken auf. Diese sind ein typisches Phänomen im Bereich einer durchziehenden Warmfront. Die zuströmende Warmluft gleitet über vorhandene Kaltluft und wird dabei großflächig angehoben. Dabei entsteht zunächst in großer Höhe ein kaum sichtbarer, dünner Wolkenschleier, der allmählich dicker wird und schließlich zu Nieselder andauerndem Landregen führt.

Bereits vor dem Auftreten der ersten Wolken, aber auch noch im kaum sichtbaren Wolkenschleier würde ein Kondensstreifen sich nicht auflösen, sondern sich durch Diffusion und örtliche Luftbewegungen faser- oder flockenförmig ausbreiten.

Örtliche Auf- und Abwinde, etwa als Folge von Bodenunebenheiten oder von Quellwolken in tieferen Luftschichten, würden dazu führen, dass sich der Kondensstreifen in Zonen mit absinkender Luft auflöst, wenige hundert Meter in aufsteigender Luft hingegen sogar noch an Dicke gewinnt. Im Bereich einer durchziehenden Warmfront weist ein gewöhnlicher Kondensstreifen somit alle wesentlichen Kennzeichen eines Chemtrails auf.

Falls dort innerhalb mehrerer Stunden mehrere Flugzeuge fliegen, was über Europa fast unvermeidlich ist, würden die verschiedenen, zeitversetzt entstehenden Kondensstreifen zwangsläufig auch ein Gittermuster bilden. Heißt: Auch die Wetterentwicklung an einer Warmfront entspricht genau dem Verlauf, der nach unserer Verschwörungstheorie als Folge starker Chemtrail-Aktivitäten auftreten sollte.

Und wieso waren die auf vielen Chemtrail-Seiten abgebildeten gitterförmigen Häufungen angeblicher Chemiestreifen vor 15 oder 20 Jahren noch nicht da? „Ich beobachte die Sonne und den Himmel schon seit meinen Kindertagen", schreibt etwa ein Kommentator auf der Seite des Online-Wettermanns Frank Abel: „Ich habe in den Siebzigern, den Achtzigern und Anfang der Neunziger noch nie so auffällige Kondensstreifen gesehen."[11] Auch wenn diese Erinnerung richtig sein sollte, ist das leicht zu erklären: Seit 1990 hat sich die Zahl der Flugbewegungen in unserem Luftraum mehr als verdoppelt. Eine zufällige Verteilung der Flüge in großer Höhe angenommen, hat sich somit die Wahrscheinlichkeit, an einem beliebigen Stück Himmel zu einem beliebigen Zeitpunkt einen Kondensstreifen zu sehen, ebenfalls verdoppelt.

Die Wahrscheinlichkeit, dort zwei Kondensstreifen gleichzeitig zu sehen, hat sich aber vervierfacht, für drei Kondensstreifen verachtfacht und für gleichzeitig zehn Kondensstreifen vertausendfacht.[12] Außerdem: Erscheinungen, die angeblich erst seit dem Beginn des unterstellten Vergiftungsprogramms in den 1990er Jahren existieren, lassen sich mühelos auch auf Bildern in viel älteren Fachbüchern nachweisen. „Die Interpretationen von Wolkenfotos, Radar- oder Flugzeugbildern durch Anhänger der Chemtrails-Theorie zeugt von oft abenteuerlichem Mangel an Hintergrundwissen", urteilt denn auch der Physiker und Meteorologe Dr. Holm Hümmler von der Gesellschaft zur wissenschaftlichen Untersuchung von Parawissenschaften (GWUP).

Folgt man der Argumentation von Chemtrail-Anhängern, müsste es bereits zu Goethes Lebzeiten Chemtrails gegeben haben. Am 18. Mai 1820 schrieb der Dichterfürst: „Früh ganz klarer Himmel, nach und nach leichte Zirrus, um Mittag seltene, höchst auffallende Erscheinung, die mich aus der Enge auf eine freie Stätte rief. Von Westen herauf, mit entschiedenem Südwind, zogen lange, zarte Zirrusstreifen, einzeln und vereinigt; im Vorwärtsziehn krümmten sie das vordere Ende zu kleinen Wölkchen, etwas niedriger zogen unbestimmte weiße Wölkchen, die von jenen Streifen mit aufgenommen wurden, sonst standen noch alle Arten von Zirrus am bläulichen Himmel, Schäfchen, gegitterte Streifen, alles in Bewegung und Verwandlung. Der Himmel überwölkte sich nach und nach ..."[13]

Entkräftet das nun die moderne Verschwörungstheorie um die Chemiestreifen? Nicht unbedingt. Schließlich gehörte Goethe nachweislich den berüchtigten Illuminaten an.[14] Und wer gilt heute als Hauptdrahtzieher der Chemtrails-Aktionen? Eben.

„Verschwörungstheorien" sind keine Theorien im wissenschaftlichen Sinne und daher auch nicht falsifizierbar, das heißt, sie lassen sich nicht widerlegen. Wie auch? Versuchen Sie mal einem Hypochonder zu erklären, dass er eigentlich gar nicht krank ist.[15]

Aber, wie gesagt: Dieses Kapitel ist ja ohnehin nur ein „Leugnungs-, Bagatellisierungs- oder Rechtfertigungsversuch".

Anmerkungen

[1] www.chemtrails-info.de/chemtrails/gegenaktionen.htm

[2] www.chemtrails-info.de/chemtrails/gegenaktionen.htm

[3] www.chemtrails-info.de

[4] www.focus.de/wissen/wissenschaft/klima/frage-von-m-baumann_aid_26819.html

[5] www.focus.de/wissen/wissenschaft/klima/frage-von-m-baumann_aid_26819.html

[6] Zit. nach: So verrückt sind die Pläne der Klima-Klempner, *Die Welt* vom 26. April 2010

[7] www.wired.com/wiredscience/2010/03/hack-the-planet-excerpt/

[8] Z. B. bei www.gisa-tassler.de/artikel-der-woche/chemtrails-hochgiftige-chemikalien-am-himmel

[9] Zit. nach http://infokrieg21.wordpress.com/2010/02/06/chemtrails/

[10] http://infokrieg21.wordpress.com/2010/02/06/chemtrails/

[11] www.frank-wettert.de

[12] Dr. Holm Hümmler: Chemtrails – Zwischen Meteorologie und Verschwörungstheorie, *Skeptiker* Nr. 2/2006

[13] In: Zur Naturwissenschaft überhaupt, Band 1, Heft 3, 1820, zit. nach www.esowatch.com

[14] Beweis gefunden: Goethe bei den Illuminati. *Focus-Online* am 19. November 2005

[15] http://chemtrails-maerchen.blogspot.com/

Wieso bricht eigentlich ein Vulkan aus? Zum Beispiel Eyjafjalla-jökull, der Gletschervulkan, den wohl nur echte Isländer fehler-frei aussprechen können.

Im April 2010 war das. Und die riesige Aschewolke, die er dabei ausstieß, legte den Flugverkehr in ganz Europa lahm.

Aus welchem Grund geschieht das? Im Folgenden seien einige Erklärungen genannt, die im Internet und in den Medien umgingen. Zwei davon – und zwar tatsächlich nur zwei – sind ein Jux. Nicht ernst gemeint. Finden Sie, liebe Leserinnen und Leser, heraus, welche?

Also, los geht's.

Allein zehn der „spektakulärsten Theorien zum Vulkanaus-bruch in Island" können wir der *Bild*-Zeitung entnehmen, unter der Überschrift: „Bricht mit dem Aschemonster die Endzeit an?"[1]

Erstens: „NASA-Aufnahmen einen Tag vor dem Ausbruch zeigten die größte Sonneneruption seit 15 Jahren. Die Erde steuert auf einen Sonnen-Super-Gau 2012 hin."

Zweitens: „Geheim-Experimente mit seismischen Waffen, die direkt auf die Kontinentalplatten wirken sollen. Angeblicher Absender: Das US-Militärprojekt HAARP in Alaska – es erzeugte mit Hochfrequenzwellen unter anderem schon künstliche Polarlichter."

Drittens: „Wir spüren das nahe Ende des Maya-Kalenders. 2012 endet nach 5125 Jahren der Kalender der Mayas, das gilt vielen als Weltende. Vielleicht geht es uns nun wie den alten Hochkulturen: Wir haben über unsere Verhältnisse und jedes Maß gelebt."

Viertens: „Großmanöver an einem Alien-Landeplatz. Aufnahmen vom März zeigen UFO-Sichtungen rings um den isländi-

schen Vulkan. Vulkane gelten als Ort, an dem Aliens ihre Land-
eplätze haben – testen sie gerade etwas für einen Großeinsatz?"

Fünftens: „Verschwiegene Terror-Notfall-Übungen. Es gab gar
keine Aschewolke. Der Luftraum wurde für eine Notstands-
übung abgeriegelt, die uns auf einen gewaltigen Terroranschlag
vorbereiten soll."

Sechstens: „Die Erde beginnt, sich selbst zu heilen. Nach der
Gaia-Theorie ist die Erde ein lebender Organismus – und beginnt nun, sich selbst zu heilen. Jeder Tag des Flugverbots, er-
zwungen durch den Vulkan, erspart ihr 220 000 Tonnen Abgase
(Kohlendioxid)."

Siebtens: „Auch Nostradamus (1503–1566, bekanntester Zu-
kunftsprophet) sah die Katastrophe voraus – eine Giftwolke, die
über ganz Europa zieht. Sie soll zwei Drittel der Menschen in
diesem Bereich töten."

Achtens: „Beginn eines neuen Super-Ausbruchs: Vor 215 Millionen Jahren erstickte ein Super-Vulkan bis zu 90 Prozent aller
Lebewesen (Perm-Trias-Massensterben). Das sind Zeichen für
die nächste Super-Eruption."

Neuntens: „Das Innere der Erde bricht zusammen. Seit Ende
des 17. Jahrhunderts gibt es die Theorie, die Erde wäre im Inneren fast hohl, nur von einer dünnen Kruste bedeckt – bricht unser Planet nach 4,6 Milliarden Jahren in sich zusammen?"

Zehntens: „Erfüllung uralter nordischer Sagen. Die Edda (13.
Jahrhundert) berichtet von gigantischen Kämpfen zwischen Gut
und Böse. Der Vulkan Eyjafjallajökull ist der Kampfplatz, auf
dem Gott Thor zur letzten Schlacht mit den Riesen antritt."

Ist das alles? Nicht doch. Fündig werden wir natürlich auch im
WWW (Word Wide Web? Weltweiter Wahnsinn!):

„Wegen des Vulkanausbruchs in Island hat man dazu pas-
send ein paar Tage große Teile von Europa zur Flugverbotszone
erklärt. Just während dieser Zeit hat die NATO ein koordiniertes
Luftmanöver, das den Angriff auf eine fiktive geopolitische Umgebung simuliert, umgangssprachlich Iran genannt."[2]

Seltsam, nicht? Aschewolken zur Tarnung von NATO-Bombern? Oder ist die Wolke aus Wasserstoff und Partikeln völlig harmlos, und die Militärs haben mit dem Flugverbot lediglich für einen freien Luftraum gesorgt, in dem sie unbeobachtet agieren können? „Benötigt man vielleicht freie Schussbahn?"[3]

Oder haben es die Illuminaten mit den Chemtrails einfach übertrieben? Oder ist es vielmehr so, dass sich von London aus eine Zombieepidemie breitmacht und die Flugraumsperre nur eine Quarantänemaßnahme bedeutet, wie in einer Facebook-Gruppe[4] diskutiert wird?

Oder stellen die Isländer den Vulkan erst dann wieder ab, wenn die EU alle ihre Staatsschulden bezahlt hat?

Daneben gibt es natürlich noch zahlreiche weitere Möglichkeiten:
- „Möchte man verhindern, dass aus momentan nicht bekannten Gründen der Warenverkehr, der über die Luft abgewickelt wird, weiter fließt?"
- „Möchte man möglichst viele Menschen im Euro-Raum behindern, damit diese – warum und weswegen auch immer – nicht mehr handeln können?"
- „Möchte man vielleicht der Öffentlichkeit nach Ende des Flugverbots Messungen mitteilen, die belegen, dass der Flugverkehr ganz entscheidend zur Klimakatastrophe beiträgt, um somit die Grundlage für eine neue Steuer/Abgabe zu schaffen?"
- „Kann man die Lügen über Wirtschaftserholung etc. nicht mehr geheim halten und beschwört durch das Flugverbot einen gigantischen wirtschaftlichen Schaden herauf, um den bevorstehenden finalen Crash zu rechtfertigen?"[5]

Oder diese:
- „Vielleicht eine Vorbereitung für den Reset? ... Wie soll das System sonst heruntergefahren werden? Wir müssen für den Shutdown erst die Peripherie herunterfahren. Also Flugzeuge,

die können ja noch durch Bahn und Bus ersetzt werden. Als Nächstes kommen die PKW/Privatfahrzeuge. Danach kommen die Bahn und zuletzt die Busse. Dann wird das Volk ganz Ohr sein. Sie werden dann hören, wie das neue System sein wird. Dazwischen wird die Bundeswehr im Lande zum Einsatz kommen."

– „Der nicht erst seit wenigen Tagen aktive Vulkan könnte eine perfekte Ausrede sein. Es hat zirka einen Monat gedauert, bis die Mächtigen der Welt sein Potenzial erkannt haben: Die ach so hoch konzentrierte und gut sichtbare Vulkanasche eignet sich bestens, um die Schuld am globalen Systemversagen von sich selbst abzulenken, und zwar auf die Natur. Alles, was gebraucht wird, ist eine Ausrede, um das schon kollabierende System weltweit möglichst kontrolliert herunterzufahren. Gleichzeitig sollte es so aussehen, als sei man nicht selbst schuld. Danach hofft man, wieder neu starten zu können und (weil ja nicht das System, sondern die Natur schuld war) ungeniert so weitermachen zu können wie alle Jahrhunderte vorher auch."

Ist am Ende vielleicht sogar die Homöopathie schuld am Vulkanausbruch? Haben Homöopathen kurzerhand den Eyjafjallajökull gesprengt? Schließlich gilt Vulkanasche als homöopathisches Mittel der Wahl „gegen Abnutzungserscheinungen, Entzündungen und Schmerzen der Finger- und Zehengelenke, Fersensporn, Kieferknochenschwund"[6].

Okay. Belassen wir es dabei.

Und kehren zu unserer Eingangsfrage zurück: Welche zwei dieser kruden Thesen um den Ausbruch des Eyjafjallajökull sind lediglich ein Hoax, also Internet-Scherze? Richtig, die Sache mit den isländischen Staatsschulden. Und die Zombieepidemie.

Letzteres ist vermutlich auch nur deshalb schnell als elektronische Ente identifiziert worden, weil eine Zombieepidemie extrem unwahrscheinlich ist – wie Wissenschaftler der School of

Mathematics and Statistics an der kanadischen Carleton University unlängst sehr exakt und sehr ernsthaft herausfanden: „Wir wären erledigt. Fast jedes Szenario, das wir durchgerechnet haben, endete in der Ausrottung der menschlichen Rasse. Und es würde rasend schnell gehen. In einer 500 000-Einwohner-Stadt wären die Untoten nach drei Tagen in der Überzahl."[7]

Das also ist uns offenkundig erspart geblieben. Und der ganze Rest der Verschwörungstheorien, die der Island-Vulkan ausspuckte? Nun, sagen wir mal so: Dem Ansehen der Brüder Grimm hat es auch nicht geschadet, dass nicht ganz klar ist, wie der Wolf Rotkäppchen und die Großmutter verschlucken konnte, ohne sie zu zerkauen. Antworten sind gar nicht vorgesehen. Der Konspiratismus will verkünden, nicht diskutieren – ohne Interesse an einer kritischen Auswertung der Belege.

Nehmen wir als Beispiel nur den siebten Punkt der *Bild*-Panikmache: Nostradamus. „Die Prophezeiung sagt eine Giftwolke voraus, die über ganz Europa zieht. Sie soll zwei Drittel der Menschen in diesem Bereich töten." Mehr steht da nicht. Keine Quelle, keine konkrete Angabe, wo genau das in den Nostradamus-Schriften zu finden sein soll, nichts.

Tatsächlich ist es so, dass einige Nostradamus-Deuter seit vielen Jahren mit einem angeblichen Vers aus den „Centurien" des Arztes und Astrologen aus dem Spätmittelalter hausieren gehen, der eine Giftgas-Katastrophe ankündigen soll:

„Der Stinker zerstört die alte Stadt:
Man sieht die Sonne durch weiß-gelbliche Dämpfe,
während Genf, in Tränen und Verzweiflung,
über sieben Stunden nichts anderes macht, als zu schreien.
Viele Deutsche, noch mehr Schweizer tauchen in den Geist
der Stille und Ruhe ein."

Nur: Diese Passage gibt es in den „Centurien" gar nicht. Auch hartnäckiges Blättern in den 948 verrätselten Orakelsprüchen, die in der ersten Hälfte des 16. Jahrhunderts entstanden sind, erbringt kaum etwas, das mit der Aschewolke von 2010 zu tun haben könnte. Allenfalls mit viel Phantasie und Kompilation – und noch mehr Skrupellosigkeit, denn in den Versen 9, 55, 74 und 56 der IX. Centurie findet man annähernd jeweils eine von insgesamt drei der obigen Zeilen.

Nichtsdestotrotz entspringt die aktuelle Lesart einer vollkommen willkürlichen Interpretation. Und damit sind wir sehr eng beim Thema Verschwörungstheorien.

Fragen wir uns noch mal: Wieso bricht eigentlich ein Vulkan aus?

Um das beantworten zu können, muss man zumindest in Grundzügen verstanden haben, wie Geophysik funktioniert. Für nicht wenige Zeitgenossen ist es anscheinend leichter, eine Art Glaubenssystem zu nutzen, als sich darüber Gedanken zu machen, wie die Welt sonst funktioniert.

Das ist allerdings auch nicht immer ganz leicht. „Gerade in einer Informationsgesellschaft wissen die Menschen immer weniger", erklärt der Kommunikationswissenschaftler Joachim Westerbarkey, ehemals Professor an der Uni Münster. „Die Menschen werden jeden Tag verunsichert. Das Nachrichten-Angebot ist schier unendlich und offenbart uns die ganze Komplexität einer Welt, die wir immer nur sehr begrenzt verstehen können."[8]

Die einfachste Erklärung: Monströse Effekte müssen monströse Ursachen haben. Ein tagelanges Flugverbot? Verkehrschaos überall? Drei Millionen Passagiere müssen wegen der Vulkanwolke am Boden bleiben? Die Einnahmeausfälle der Airlines summieren sich auf 1,3 Milliarden Euro? Neues Wissen sortieren wir gerne in bestehende Schubladen unseres Hirns. Falls es nicht passen will, dann schieben und stauchen wir die Fakten eben ein wenig. Wir fahnden nach Übereinstimmungen mit Meinungen und Einschätzungen, die wir schon haben – und versuchen, Neues erklärbar und berechenbar zu machen.

Dagegen würde zum Beispiel helfen, Unsicherheit auszuhalten und sich mit Unverständnis abzufinden. Nur: Wer (tatsächliche oder auch nur vermeintliche) Unstimmigkeiten entdeckt, steht zugleich schlauer da als andere. Und das wiederum ist prima fürs Ego.

Dieser „verschwörungstheoretischen Versuchung"[9] erliegen mitunter auch Leute, die es eigentlich besser wissen müssten. Die Universitätsprofessorin Claudia von Werlhof etwa, die als Mitbegründerin der Frauenforschung und des Ökofeminismus gilt, überraschte Anfang 2010 die Fachwelt mit einer staunenswerten Theorie: Das verheerende Erdbeben am 12. Januar in Haiti könnte künstlich und absichtsvoll herbeigeführt worden sein.[10] Und zwar mit dem berüchtigten HAARP-Militärprojekt.

Die Forscherin am Institut für Politikwissenschaft an der Uni Innsbruck wörtlich: „Zwischen Haiti und Kuba soll es große Ölreserven geben, also könnte das Erdbeben in Haiti maschinell erzeugt worden sein, um die militärische Besetzung des Landes durch US-Truppen zu ermöglichen. Als Nebeneffekt werden unbotmäßige Regierungen wie etwa jene von Hugo Chavez in Venezuela unter Druck gesetzt."

Die einfache Weltdeutung, die Verschwörungstheorien versprechen, ist indes eine durchaus prekäre Balance. Der Leiter des politikwissenschaftlichen Instituts beklagte öffentlich den Schaden für den Ruf seiner Einrichtung durch solche Thesen, Physiker und Geologen reagierten mit ungläubigem Amüsement. Und die Protagonistin? Setzte sich ohne Verzug mit den entsprechenden Fachwissenschaftlern ihrer Universität zusammen und ließ sich eine Privatvorlesung zum Thema Erdbebenforschung geben?

Eben nicht! Stattdessen konstruierte Frau von Werlhof die nächste Verschwörungstheorie, sprach etwas von wegen „Hexenjagd" und „Faschismus" und wähnte sich als Opfer okkulter chauvinistischer Umtriebe. Zitat: „Wie, wenn es stimmt, wenn Haiti tatsächlich nicht durch ein natürliches Beben zerstört worden wäre? Diesen furchtbaren Verdacht, der mir die Haare zu Berge stehen lässt, kann man doch nicht im Raume stehen lassen. Und wer kann ihn ausschließen? Wer weiß, was wirklich passiert ist? Dem muss doch nachgeforscht werden!"[11]

Nun ja – wer kann ihn, diesen Verdacht, ausschließen? Geophysiker zum Beispiel, denen die Haare zu Berge stehen, wenn HAARP mal wieder in irgendeiner Verschwörungstheorie auftaucht. Das High Frequency Active Auroral Research Program ist ein Netz von Hochspannungssendern auf einer Forschungsstation in Alaska. Die HAARP-Antennen senden hochfrequente Radiosignale in die Atmosphäre, um Prozesse in der Ionosphäre zu erforschen, zum Beispiel die Auswirkungen des Sonnenwindes.

Kurzwellenstrahlen? Gebündelt? Auf einer Anlage in menschenabgeschiedener Einsamkeit, die von den Forschungslaboren der US Air Force und dem Office for Naval Research betrieben wird? Oh, oh. Wenn es da mal in Wahrheit nicht darum geht, das Wetter zu beeinflussen, Naturkatastrophen auszulösen oder unsere Gedanken zu kontrollieren …

Eventuell wirft Frau von Werlhof auch bloß zwei Sachen durcheinander, wenn sie von ihrer „Erdbebenwaffe" spricht: „Maschinen, die künstliche Erdbeben auslösen, sind Ausgangspunkt für die heftigen Diskussionen. Solche Maschinen sollen in einem Militärforschungszentrum in Alaska existieren und dazu benutzt werden, Erdölreserven aufzuspüren."[12]

Das nennt man Explorationsseismik[13] und ist nichts Geheimnisvolles. Künstliche Bebenwellen werden in der Tat zur Bodenerkundung oder zum Auffinden von Rohstoffen eingesetzt. Das ist alles. Ganze Städte oder gar Länder in Schutt und Asche legen kann man damit nicht. Und mit dem HAARP-Projekt hat das überhaupt nichts zu tun.

Wie auch immer: Dem Weltenchaos – wenn es sein muss, gewaltsam – einen Sinn abzuringen, ist die eine Sache. Der daraus resultierenden Verschwörungstheorie einen gruselig-spannenden oder auch launigen Anstrich zu geben die andere. Denn frei nach dem amerikanischen Mythenforscher Jan Harold Brunvand geht es nicht nur um Vorurteile und Interessen, sondern auch darum, ob ein Gerücht unterhaltsam ist, ob es einen Schauer über den Rücken laufen lässt oder auch amüsiert: „Die Wahrheit stand noch nie einer guten Geschichte im Weg."

Dass musste jener iranische Geistliche erfahren, der freizügige Frauen für Erdbeben verantwortlich machte. Ist das eine gute Geschichte? Nein, es ist diffamierender Bullshit. „Viele Frauen, die sich nicht angemessen kleiden, verführen junge Männer zur Unkeuschheit und verbreiten Unzucht in der Gesellschaft, was letztendlich zu Erdbeben führt", sagte der Mann.[14] Und löste damit nichts weniger als ein „Busenbeben" aus.

Als nämlich eine amerikanische Studentin von den Worten des Predigers erfuhr, rief sie flugs eine Facebook-Gruppe ins Leben, der sich binnen weniger Stunden mehr als 200 000 Mitglieder anschlossen. Das Ziel: Alle Frauen sollten am 26. April 2010 sehr knapp bekleidet zur Arbeit kommen, um wissenschaftlich zu beweisen, dass Brüste und nackte Haut kein Beben verursachen können.[15]

Nun ist es dem Autor dieses Buches zugegebenermaßen nicht gelungen, am besagten Tag – mitten in Bayern – einer „Boobquake Day"-Teilnehmerin persönlich ansichtig zu werden. Geologen meldeten am 26. April jedoch eine maximale Bebenstärke von 6,5 auf der Richterskala in Taiwan, was so ungefähr alle zwei, drei Tage irgendwo auf der Welt vorkommt. Sonderlich vernichtend kann der Busen-Effekt also tatsächlich nicht gewesen sein.

Allerdings müsste jetzt eigentlich erst noch der Gegentest folgen – also möglichst viele Frauen weltweit müssten einen Tag „züchtig" gekleidet zur Arbeit erscheinen.

Wenn dann kein Beben stattfindet, wäre die Sache wohl geklärt.

Anmerkungen

1 www.bild.de/BILD/news/2010/04/21/vulkan-ausbruch-asche-monster-chaos-theorien/jetzt-kommen-die-irren-endzeit-propheten.html

2 Zit. nach www.terraristen.net

3 www.infokriegernews.de/wordpress/2010/04/19/bald-sperrung-des-internationalen-luftraums/

4 www.facebook.com/group.php?gid=114294081931460&ref=mf

5 www.infokriegernews.de/wordpress/2010/04/19/bald-sperrung-des-internationalen-luftraums/

6 www.homoeopathische-hausapotheke.de/mittelbeschreibung/h/hekla-lava/

7 www.mathstat.uottawa.ca/~rsmith/Zombies.pdf

8 www.derwesten.de/nachrichten/panorama/Schoener-leben-mit-Verschwoerungstheorien-id13817.html

9 Der Begriff wurde von dem Historiker Dieter Groh geprägt.

10 „Kapitalismus, ein Zerstörungsprojekt", *Der Standard* vom 12. Februar 2010

11 http://imzoom.info/article.php/20100301141632665

12 http://tirol.orf.at/stories/427941/

13 www.wissenslogs.de/wblogs/blog/mente-et-malleo/hammer/2010-03-09/halbwissen-sch-tzt-vor-schwurbelei-nicht

14 www.spiegel.de/panorama/0,1518,689956,00.html

15 http://www.sueddeutsche.de/computer/376/509506/text/

Die Obama-Verschwörung

Blanke Busen lösen Erdbeben aus. Das klingt schon reichlich abgefahren, ist aber mitnichten eine Denkweise, die speziell nur iranischen Geistlichen vorbehalten ist.

Ganz ähnlich äußerte sich der US-Fernsehprediger Pat Robertson in einer Sendung des Christian Broadcasting Network. Mit Blick auf den verbreiteten Voodoo-Kult auf Haiti glaubt Robertson, der Inselstaat sei verflucht, seit er einst einen Pakt mit dem Satan eingegangen sei. Er spielte damit auf die Gründungsphase Haitis im 19. Jahrhundert an, als es sich vom französischen Kolonialstaat befreite und eine unabhängige Nation wurde. Dies, so glaubt Robertson, konnten die Haitianer nur durch einen Teufelsbund erreichen. Seither würden sie von einem Unglück nach dem anderen heimgesucht. Der einzige Weg aus diesem Teufelskreis sei eine Umkehr zu Gott.

Der Ausbruch des isländischen Vulkans wiederum sei die Rache Gottes für die amerikanische Gesundheitsreform – verkündete der konservative Radioprediger Rush Limbaugh.[1] Zum Erdbeben auf Haiti fiel dem Moderator ein, die Katastrophe sei „wie bestellt" für US-Präsident Obama. Dieser könne nun mit den Hilfsaktionen seine Glaubwürdigkeit bei der „hellhäutigen und dunkelhäutigen schwarzen Gemeinschaft" aufpolieren und sich als „mitfühlend" aufspielen.[2]

Auch wenn die schwarze Kongressabgeordnete Barbara Lee diese Äußerungen schlicht als „widerwärtig" bezeichnete – einige andere Zeitgenossen gingen noch sehr viel weiter als Limbaugh. Und nicht nur in den USA.

„Hatte von vornherein den Verdacht, dass das Erdbeben Sabotage war", lesen wir in einem deutschsprachigen Verschwörungs-Blog.[3] „Obama möchte doch alles kontrollieren, und wenn die Menschen dort nirgends registriert sind und unbekannt ist,

wie viele in Haiti leben, dann gefällt es dem Obama nicht ...
Obama möchte die neue Weltordnung der totalen Kontrolle
durchsetzen."

Oder: „Hihihi, das war der liebe Obama! Hat mal eben ganz
charismatisch ein Erdbeben ausgelöst. Da werden sich seine linken Freunde hierzulande aber freuen."[4]

Geht's noch abstruser?

Gewiss. „Obama hat der westlichen Welt den Kopf verdreht.
Er ist dynamisch, kraftvoll und viele Menschen sehen in ihm
einen Heilsbringer ... Dennoch gibt es christliche Gruppen, die
in Obama den Antichristen sehen", blurbt es uns aus dem Web
entgegen.[5]

Klingt crazy, ist aber tatsächlich so. „Kurz nachdem Barack
Obama die Gesundheitsreform durchgesetzt hat, ist die Stim-
mung der US-Amerikaner umgeschlagen", tickerten auch hierzulande die Nachrichtenagenturen. Und weiter: „So befürwor-
ten laut einer Umfrage zwar mehr Amerikaner die Reform,
jedoch haben auch immer mehr erschreckende Ansichten von
Barack Obama. So glauben etwa 14 Prozent, dass Obama der
Antichrist sein könnte."[6]

Der Antichrist? Der leibhafte Gegenspieler Jesu Christi in
den letzten Tagen des Weltgeschehens? Was hat der denn mit
der Gesundheitsreform in Amerika zu tun?

Wenig. Schon vor seiner Wahl zum amerikanischen Präsidenten am 5. November 2008 wurden in den Kreisen konser-
vativer Christen in den USA die Mutmaßungen immer lauter,
bei dem Kandidaten der demokratischen Partei, Barack Obama,
könnte es sich um den seit langer Zeit erwarteten Antichristen
handeln. Den biblischen Prophezeiungen zufolge werde dieser
Widerpart höchst charismatisch und wortgewandt auftreten, die
Rettung von allem Übel versprechen, in Wirklichkeit aber für
die Mächte des Bösen arbeiten. „Obamas Auftritte in den letzten Wochen haben ihn inzwischen zum Hauptverdächtigen gemacht", schrieb sogar das renommierte *Time*-Magazin.[7]

Wieso? Dafür gibt es vor allem zwei Gründe.

Zum einen ist da die Ähnlichkeit Obamas mit dem UNO-Generalsekretär Nicolai Carpathia, der von der ganzen Welt geliebt und von den Medien angehimmelt wird – in Wahrheit aber als Son of Satan die Menschheit ins Verderben ziehen will. Natürlich nicht in echt, sondern in der Buchreihe „Left Behind"[8], die seit 1995 zahllose Leser mit einer apokalyptischen Aussicht auf die bevorstehenden Schrecken der Endzeit gruselt. Einige Tausend Webseiten verbinden derzeit den fiktiven Nicolai Carpathia mit dem realen Barack Obama.[9]

Zum anderen stehen wir vor der Erkenntnis, dass „die Amerikaner mehr als jedes andere Volk in der Geschichte von der Idee besessen sind, den Antichristen zu identifizieren", schreibt der Religionswissenschaftler Professor Robert Fuller.[10] Fuller nimmt an, dies komme von der nationalen Gewohnheit, das Leben zu mythologisieren und biblische Metaphern hinter allen Ereignissen zu sehen.

In dem Film „Who's that Girl?" etwa wird Madonna gefragt, ob sie der Antichrist sei, aber das Pop-Huhn weicht einer Antwort aus. Andere Kandidaten sind laut Fuller die Illuminaten, die katholische Kirche, die Freimaurer. Oder Bill Gates. Ein anonymes Rechengenie will nämlich nachgewiesen haben, dass sowohl die Buchstabenfolge „Bill Gates III" als auch „Windows 95" in der gängigen Computer-Codierung ASCII „666" ergibt, also die Zahl des Tieres in der biblischen Johannes-Offenbarung. Und zwar so: B (66) – I (73) – L (76) – L (76) – G (71) – A (65) – T (84) – E (69) – S (83) – I (1) – I (1) – I (1) = 666.

Überaus eindrucksvoll. Und falsch. Denn „Windows 95" in ASCII-Schreibweise stellt sich so dar: W (87) – I (73) – N (78) – D (68) – O (79) – W (87) – S (83) – 9 (57) – 5 (53). Ergibt als Summe nur 665.[11]

Egal. Denn apokalyptische Szenarien werden stets dann attraktiv, wenn Menschen die Welt nicht mehr verstehen (oder auch nur das aktuelle Windows-Betriebssystem). Wie der populäre christliche Publizist Hal Lindsey zum Beispiel, der ebenfalls meint, bei Barack Obama Parallelen zum Auftreten des Antichristen zu erkennen. Denn Obama gelte als „Hoffungsträger", werde manchmal sogar als eine Art „Messias" beschrieben. So etwas weckt unter Evangelikalen Skepsis.

Als Obama noch Senator von Illinois war und im Sommer 2008 an der Berliner Siegessäule von 200 000 Fans bejubelt wurde, erschauderte Lindsay. „Amerika hat niemals in seiner Geschichte derart vielen Krisen gleichzeitig ins Gesicht geblickt wie heute", predigte er sogleich in einer Zeitschriftenkolumne. „Der Krieg gegen Al-Kaida und den islamischen Terrorismus, die Irankrise, Afghanistan, die Verbreitung von Nuklearwaffen, der steigende Ölpreis, der fallende Dollarkurs, feindliche Akronyme wie OPEC, NAM, OIC, UNO. Obama hat Recht, wenn er sagt, dass die Welt für jemanden wie ihn reif ist. Eine messiasgleiche Gestalt, charismatisch und wortgewandt, die scheinbar auf alle Fragen der Welt eine Antwort kennt. Die Bibel sagt, dass solch ein Führer schon bald erscheinen wird …"

Dabei müsse es sich zwar nicht zwingend um Barack Obama handeln. Aber dessen Weltreise habe uns „einen Vorgeschmack auf den Empfang gegeben, der ihm geboten wird". Auch der Antichrist werde wohl in einer europäischen Hauptstadt stehen, die Völker der Welt ansprechen und ihnen sagen, dass er derjenige sei, auf den sie alle gewartet hätten. Und er könne eine ebenso enthusiastische Begrüßung erwarten wie Obama in Berlin. Lindsays Amen: „Diesen Führer nennt die Bibel den Antichrist. Und es scheint offensichtlich, dass die Welt nun bereit ist, mit ihm Bekanntschaft zu machen."[12]

Da macht es fast gar nichts, dass Hal Lindsey als endzeitlicher Bibelausleger schon einmal grandios scheiterte. „Alter Planet Erde wohin?" hieß seine 1970er-Jahre-Schwarte, in der er die Erfüllung biblischer Prophetie für „morgen" – also wohl für die unmittelbare Zukunft – ankündigte. Und auch damals verrannte Lindsey sich in seine Lieblingsidee, den „kommenden Führer" zu identifizieren.

Wörtlich schrieb der selbsternannte „Rufer": „Man braucht

nicht religiös zu sein, um zu erkennen, dass die Geschehnisse in unserer heutigen Welt einem kommenden Diktator den Boden bereiten ... Allmählich macht sich immer mehr die Auffassung breit, dass die Probleme und Spannungen in der Welt nur noch von einem starken Mann gelöst werden können ... Die Zeit wird jeden Tag reifer für den großen Diktator. Von ihm ist in der Endzeitprophetie sehr klar die Rede. Er heißt dort Antichrist."[13]

Und so weiter, und so fort.

Diese Lesart der Bibel nennt man Biblizismus. Die Heilige Schrift gilt Lindsey und Konsorten nicht als Glaubenszeugnis, sondern als verschlüsselter Fahrplan für die Weltgeschichte. Mit Gott hat das allenfalls am Rande zu tun – eher schon etwas mit dem „üblen Abgott einer krankhaften Weltverachtung".[14] Vor vier Jahrzehnten genauso wie heute, wenn wir etwa auf der Webseite *endzeitzeichen.org* lesen:

„In den letzten Jahren wurde die Moral über Bord geworfen ... Die Gier ist weltweit verbreitet. Der Handel und Gebrauch von illegalen Drogen nimmt zu und mit ihnen die Verbrechen, die von den Drogenabhängigen begangen werden, um ihre Sucht zu finanzieren. Die Gewalt und das Morden innerhalb Drogenbanden nehmen ebenfalls stark zu. Sinnloses Morden ist alltäglich geworden. Das Gute wird böse genannt, und das Böse gut. Die Welt läuft in die gleiche Richtung wie Sodom und Gomorrha in den Tagen von Lot ...

Wir haben erst kürzlich einen Präsidenten (Barack Obama) gewählt, der von den Menschen ‚Messias' gerufen wird, und ich habe nicht gehört, dass er es jemals verneint hätte. Und es scheint, als führe er dieses Land direkt in den Sozialismus und in den Ruin. In naher Zukunft wird einer in seinem eigenen Namen kommen (Antichrist) und behaupten, Christus zu sein. Die Welt wird ihm nachfolgen und ihn als Gott verehren, doch er wird stattdessen der Teufel in Person sein."[15]

Harmlose Phantastereien? Nicht unbedingt. Im Frühjahr 2010 deckten US-Behörden gerade noch rechtzeitig eine – echte – Verschwörung militanter Christen auf. Die selbsternannten Gottes-krieger mit den Namen „Hutaree" planten den Mord an einem Polizisten, um später, bei dessen Beisetzung, Bomben zu zünden und so „einen Aufstand gegen die Regierung" anzuzetteln. Das Motto der paramilitärischen Gruppe: „Preparing for the end time battles to keep the testimony of Jesus Christ alive". Die frommen Rambos[16] bereiteten sich also vor „auf die Endzeit-schlachten, um das Zeugnis Jesus Christi aufrechtzuerhalten". Und: „Wir glauben, dass eines Tages der Antichrist kommt." Den gelte es zu bekämpfen und zu vertreiben.

Nach der Festnahme von neun Mitgliedern der „christlichen Kämpfer" in den Bundesstaaten Michigan, Ohio und Indiana wurde den Ermittlern vom FBI klar, dass Hutaree den Feind schon längst ausgemacht hat: Er sitzt im Weißen Haus und heißt Barack Obama. Eine Zeitlang vermuteten die Hutaree-Anhän-ger den Antichristen im EU-Außenpolitiker Javier Solana. Mitt-lerweile aber sehen radikale US-Christen den Widersacher Got-tes, den es zu vernichten gilt, in der amerikanischen Regierung. Solche Konspirationsmythen erlauben Hunderttausenden, wenn nicht Millionen von Außenseitern, Vereinzelten und Verzweifel-ten, Enttäuschten und Irritierten, nach ihren eigenen Regeln zu reden und zu handeln[17] und gemeinsam anonyme politische Prozesse zum Machwerk eines personifizierbaren Bösen zu ver-einfachen.

Wohin diese politischen Prozesse im Endeffekt führen sol-len, ist für Konspirologen ebenfalls ausgemachte Sache: gerade-wegs in die Neue Weltordnung (NWO) unter dem Zepter der Allermächtigsten – das ultimative Schreckensszenario aller Ver-schwörungsgläubigen. Der Weltstaat, der vom Antichrist regiert wird. Oder von den Bilderbergern.[18] Oder den Illuminaten.[19] Schließlich ist der geheime Plan zur Erringung der Weltherr-schaft schon im Staatssiegel der USA beziehungsweise auf dem Ein-Dollar-Schein codiert: „Novus Ordo Seculorum" stehe da auf dem Spruchband unter der Pyramide: die „Neue Weltord-nung".

Wirklich? Wir haben es hier mit einem gleich mehrfachen Irrtum zu tun, der auf mangelhafte Kenntnisse in Latein, Geschichte und Orthografie zurückgeht. Schon der durchschnittliche „Asterix"-Leser weiß, dass die Endung „-orum" die Genetivmehrzahl von Substantiven der zweiten Deklination ist. „Seculorum" müsste demnach eine Mehrzahl sein und „der Welten" bedeuten, was ziemlich seltsam wäre – wenn, ja wenn das inkriminierte Wort tatsächlich „seculorum" hieße.[20]

In ihrem Eifer, eine apokalyptische Verschwörung aus der US-Währung herauszulesen, haben die Konspirologen den Buchstaben *u* zwischen dem *c* und dem *l* in das Wort auf der Dollarnote eingeschoben. In Wahrheit steht da nur „seclorum", zu Deutsch: „der Zeiten". Und das ist ziemlich weit von der „Neuen Weltordnung" entfernt, wie wir schon im Kapitel „Die One-Dollar-Verschwörung" erörtert haben.

Und so weit weg von uns, wie wir vielleicht gerne glauben möchten, ist dies alles gar nicht. Auch hierzulande versammeln sich Menschen in Hinterzimmern, die davon überzeugt sind, dass die Republik von einer nicht näher zu fassenden Macht gelenkt wird, von einem Staat im Staate. Und dass diese Macht erst einmal die Milizen ausschalten muss, die letzten Verteidiger der freien Welt.

Wegmarken dahin seien etwa die Amokläufe von Winnenden (2009), Wendlingen (2009) und Erfurt (2002) gewesen. Nicht verwirrte Jugendliche seien für die Wahnsinnstaten verantwortlich – sondern gedungene Killer, Soldaten, Geheimdienstleute. Eben der Staat, der sich so einen Vorwand schaffe, um die Waffengesetze zu verschärfen und anschließend alle Privatleute entwaffnen zu können, damit die im ganz sicher stattfindenden Bürgerkrieg dem Staatsterror nicht mehr in die Quere kommen können: „Alles ist schon eingefädelt", hört man.[21]

Hier wie über dem großen Teich finden wir das gleiche Muster vor: Von der Voraussetzung ausgehend, dass der äußere Anschein trügt, lehnen Verschwörungsfans das gewöhnliche Wissen ab und suchen exotische, wenig bekannte Varianten.[22]

Zum Beispiel: „Wie ist es möglich, dass ein Mensch, der noch nie was geleistet hat, der völlig unbekannt ist und aus dem Nichts kam, so von den Massen angehimmelt wird, ja sogar als Messias betrachtet wird und die Führung des mächtigsten Landes der Welt übernimmt?", lesen wir bei einem Blogger, der sich selbst „Seelenkrieger"[23] nennt.

Tja, wie kann das sein? Ganz einfach: „Niemand kennt den wahren Charakter oder die Leistungsfähigkeit von Obama. Er hat bisher keine Führungseigenschaft gezeigt … Er kann deshalb nur eine Marionette sein."[24] Aber wessen Marionette? Auch das ist leicht: entweder des Leibhaftigen. Oder praktisch aller globalen Organisationen, die nicht ins Weltbild christlicher Fundamentalisten passen.

Fast überflüssig zu erwähnen, dass es den Terminus „Neue Weltordnung" in der Politik tatsächlich gibt. Und er rein gar nichts mit einer riesigen Verschwörung zu tun hat. Vereinfacht geht es bei der „New World Order" beziehungsweise dem „Great Deal" um die uralte Frage, welche globale Gesellschaftsordnung ideal für alle Menschen wäre. „Problematisch ist der Begriff", heißt es ebenso schlicht wie treffend bei Wikipedia[25], „weil die Vorstellungen darüber weit auseinandergehen."

Und nirgendwo so sehr wie in den Vereinigten Staaten. „Solidarität" etwa oder „sozial" sind Kampfbegriffe im konservativen Amerika. „Obama versuchte, dieses Klima mit Predigten über Pflicht und Verantwortung zu verändern", merkt *Der Spiegel*[26] an. „Und erreichte das Gegenteil: Paranoia, Verschwörungstheorien und Übertreibungen ziehen sich durch Talkshows, stets gefolgt von Warnungen vor Migranten, Großstädtern, Intellektuellen, Klimaforschern, Waffengegnern, Politikern, Frauen und Schwarzen – allen also, die angeblich uramerikanische Werte bedrohen".

So gesehen, hat der Schockrocker Marilyn Manson nahezu prophetische Fähigkeiten bewiesen, als er 1996 den Song „Antichrist Superstar" herausbrachte, mit der Textzeile: „Time has come it is quite clear, our Antichrist is almost here."

Und schon ist er hier, kaum zwölf Jahre später. Die Konspirologen jedenfalls sind sich da völlig sicher:[27] „Obama wurde nicht nur mit John F. Kennedy verglichen, sondern auch mit Martin Luther King, zwei Söhnen seines Landes, die von den USA ruchlos ermordet wurden. Oft wurde auch an Martin Luther Kings ‚I have a dream'-Rede erinnert, an die Obama im Ton immer wieder anzuknüpfen versucht. Doch Obama hat keinen schönen Traum für uns. Bei ihm heißt es nicht ‚I have a dream', sondern ‚I have a nightmare'. Ich habe einen Alptraum – für Euch."

Anmerkungen

[1] http://thinkprogress.org/2010/04/17/limbaugh-volcano/
[2] Obamas Furcht vor „Katrinas" langem Schatten. *Hamburger Abendblatt* vom 16. Januar 2010
[3] http://kochministry.wordpress.com/2010/01/25/haiti-verschworung-oder-keine-naturkatastrophe/
[4] http://www.kybeline.com/2010/02/03/neue-weltverschworungs-theorie-wunderwaffe-ist-verantwortlich-fur-das-erdbeben-von-haiti/
[5] http://kochministry.wordpress.com/2008/11/15/obama-der-antichrist/
[6] www.shortnews.de/id/823163/Fuer-viele-Amerikaner-ist-Barack-Obama-ein-Moslem-Antichrist-oder-wie-Adolf-Hitler
[7] Zit. nach http://ef-magazin.de/2008/08/10/533-apokalypse-ist-barack-obama-der-antichrist
[8] Deutscher Titel: „Finale – Die letzten Tage der Erde"
[9] Zum Beispiel: „Does Barack Obama = Nicolae Carpathia?" bei http://answers.yahoo.com/question/index?qid=20080901041117AAQfc1T
[10] Fuller, R. (1996): Naming the Antichrist – The History of an American Obsession. Oxford University Press
[11] http://urbanlegends.about.com/library/blgates2.htm
[12] www.factum-magazin.ch/wFactum_de/aktuell/archiv_2008_2/2008_10_20_Hal_Lindsay_Obama.php
[13] Lindsay, H. (1971): Alter Planet Erde wohin? Im Vorfeld des Dritten Weltkriegs. Hermann Schulte Verlag, Wetzlar

[14] Die Endzeit hat begonnen, *Die Zeit* Nr. 51/2002

[15] www.endzeitzeichen.org

[16] Der göttliche Krieg der Hutaree, *Süddeutsche Zeitung* vom 30. März 2010

[17] Verschwörungstheorien im Internet, *Die Zeit* Nr. 26/1996

[18] Siehe Seite 111.

[19] Siehe Seite 73.

[20] Tim Callahan: Das Ende der Welt und die Neue Weltordnung. In: Shermer, M./Maidhof-Christig, B./Traynor, L. (1998): Endzeittaumel. Alibri, Aschaffenburg

[21] Verschwörungstheorien bei Schnitzel und Pommes, *Backnanger Kreiszeitung* vom 15. April 2010, online unter www.bkz-online.de/node/56105

[22] Pipes, D. (1998) Verschwörung – Faszination und Macht des Geheimen. Gerling Akademie Verlag, München

[23] www.seelenkrieger.org

[24] www.seelenkrieger.org/?p=1389

[25] http://de.wikipedia.org/wiki/Neue_Weltordnung

[26] Ein Anfang, spät, *Der Spiegel* Nr. 14/2010

[27] http://anti-mobbing-blog.blogspot.com/2008/07/obama-und-die-neue-weltordnung.html

Die Elvis-Verschwörung

Elvis lebt. Michael Jackson auch. Jim Morrison sowieso.

Paul McCartney dagegen ist tot. Johnny Depp ebenfalls. Bei Britney Spears weiß man es noch nicht so genau.

Aber gehen wir der Reihe nach.

Am 7. September 1996 trifft Oscar J. Peterson den leibhaftigen King in einer Männertoilette in Coconut Grove, Florida. „Ich konnte es nicht glauben", berichtet der Versicherungskaufmann aus Morton, Ohio, in dem Online-Portal *honorelvis.com*[1] von seinem Erlebnis. „Ich sagte: *Du bist Elvis* und er erwiderte *Nein, Ted Kennedy*. Aber ich wusste, er macht nur Spaß."

Einen Ohrenzeugen, der bekräftigt, Elvis' Stimme gehört zu haben, präsentiert Peterson in seiner Anekdote gleich mit – nämlich einen gewissen Tyler D'Laniel, der mit folgendem bemerkenswerten Detail aufwartet: „Er sagte den Satz *Nein, Ted Kennedy* exakt mit der gleichen Intonation, wie der Song ‚Trouble' in dem Elvis-Film ‚King Creole' klingt."

Am 28. März 2010 hängt Elvis im Centerfolds-Club in Rancho Cordova, Kalifornien, ab. Dort macht er der Tänzerin Christy Canyon ein Kompliment wegen ihres sexy Rücken-Tattoos, drückt ihr ein paar Dollar in die Hand und verschwindet. „Ich schaute in seine Augen und wusste, es ist der King", schwärmt Christy im Elvis-Sighting-Bulletin-Board.[2] „Ich habe ihn seitdem nicht wiedergesehen, aber ich hoffe, dass er noch mal herkommt."

Hyram Romney wiederum fährt am 18. Februar 2010 auf einem Highway im Südwesten von Wyoming. An einer Tankstelle bei der Ortschaft Little America bemerkt er, dass der dunkelhaarige Servicemitarbeiter auffallende Ähnlichkeit mit Elvis Presley aufweist. Romney hat erst vor kurzem den Elvis-Film „Clambake" gesehen und weiß genau, was Sache ist. Der Tankwart pfeift fröhlich den Presley-Hit „Kentucky Rain" vor sich hin. Romney spricht ihn an: „Hey, Sie sind ja genau wie der King!" Der Mann entgegnet kurz, das habe ihm noch keiner gesagt. Aber als Romney davonfährt, sieht er, dass der Tankwart ihm zunickt und eine bestätigende Geste macht.[3]

Wie kann das sein?

Offiziell starb Elvis Presley am 16. August 1977, im Alter von 42 Jahren. Im Bad seiner Villa in Memphis. Und zwar „aus einer Mischung unglücklicher Umstände", wie das *GQ*-Magazin prosaisch ausführte: „40 Kilo Übergewicht, Medikamentencocktail (Auf- und Abputschmittel gleichzeitig) und harter Stuhl. Jeder Arzt wird Ihnen sagen, dass Sie Punkt 3 nie rauspressen dürfen, wenn Sie Punkt 1 und 2 im Körper haben."[4]

Das klingt wenig schmeichelhaft für den King of Rock'n'Roll und ganz und gar profan. Kann eine lebende Legende wirklich so enden? Natürlich nicht. Elvis kann nicht tot sein, weil er so nicht tot sein kann.[5] Erstes Indiz dafür, dass etwas nicht stimmt: Auf seinem Grab steht „Elvis Aaron Presley († 1977)". Dabei hieß Elvis „Elvis Aron Presley", Aron mit einem „a". Anscheinend liegt da in Graceland ein Mann begraben, den es nie gab.

Zweitens: „Elvis" ist ein Anagramm für „lives" – eine der wichtigsten Seiten für Elvis-Sichtungen heißt denn auch *elvis-lives.info*.[6] Drittens: Während seiner letzten Show stimmte Elvis plötzlich „Blue Christmas" an, mitten im August.[7] Was wollte er uns damit sagen?

Ja, was? Dass er des Starrummels überdrüssig war und sich heimlich, still und leise aus dem öffentlichen Leben zurückziehen wollte? Im Weiteren hätte der King dann seinen Tod inszeniert, um in Wahrheit ohne Stress und Berühmtheit irgendwo neu anzufangen. Als Tankwart zum Beispiel. Obwohl er heute noch rund 38 Millionen Euro pro Jahr mit seinen Songs verdient.[8] Und eigentlich gern im Rampenlicht stand.

Vielleicht ist Elvis auch ins Zeugenschutzprogramm des FBI abgetaucht, weil er Ärger mit der Mafia hatte. Immerhin mehr als 40 000 Leute versichern, den Meister gesehen, getroffen oder gar gesprochen zu haben[9] – das sind rein zahlenmäßig nur 10 000 Sichtungen weniger, als es Elvis-Imitatoren gibt. Und selbstverständlich sah er dabei nicht „fett und aufgedunsen" aus (also so, wie die Rettungssanitäter ihn nach eigenen Aussagen an jenem 16. August 1977 auffanden), sondern fit und vital wie zu seinen besten Zeiten. Und nie älter als 42 Jahre.

Genau wie Michael Jackson. Kaum war der King of Pop tot, wurde er rund um den Globus gesehen.

„Ich war nur kurz Brötchen holen, da stand auf einmal dieser Mann hinter mir, lange schwarze Haare, Sonnenbrille, den Hut tief im Gesicht", informierte etwa Ronny H. aus Eggesin, Mecklenburg-Vorpommern, wenige Tage nach dem Dahinscheiden des Megastars[10] die Illustrierte *Stern* in einer Mail. „Er hat auf Englisch bestellt, da wurde ich hellhörig. Doch bevor ich reagieren konnte, war er schon wieder verschwunden."

Auch Rick aus Nevada ist fest davon überzeugt, dass er von Michael Jackson in einem blauen Cadillac auf der Interstate 80 in Höhe des Städtchens Elko überholt wurde. Rebekka aus Tampa schwört, dass es Michael höchstpersönlich war, der an ihrer kleinen Tankstelle eine Zeitung und einige Oreo-Cookies erstanden hat. „Das war abzusehen", kommentierte der *Stern* unaufgeregt. „Ein solcher Megastar wie Jackson darf nicht einfach so an Herzversagen sterben wie jeder x-beliebige Normalverbraucher, da braucht es schon eine kräftige Prise Mythos." Genauer gesagt: die MJAC, die „Michael Jackson is Alive Conspiracy".

Und die geht so: „Jacko hatte die Nase voll von seinem miesen Image und den ganzen Schulden, 500 Millionen Dollar sollen es ja sein. Und da hat er einfach seinen eigenen Tod inszeniert und schnell mal eines seiner vielen Doubles für ihn ‚sterben' lassen. Nun relaxt er an einem geheimen Ort und schaut sich an, wie die Welt um ihn trauert und wie besessen seine Platten kauft …

Beschäftigt man sich nur lange genug mit MJAC, ergibt auf einmal alles einen Sinn: Den ominösen Gesundheitscheck seines Konzertversicherers hatte Jackson nur deswegen bestanden, weil er in Wirklichkeit topfit war. Sein Leibarzt Dr. Robert Murray war nur deswegen Donnerstagnacht verschwunden, weil er half, Jackson aus dem Land zu schaffen. Und Jacksons Kinder waren allein deswegen vor einigen Wochen erstmals ohne Maske in der Öffentlichkeit zu sehen, weil es sich ebenfalls um Doppelgänger handelte. In Wirklichkeit warteten Prince Michael I, Paris und Blanket da schon längst auf ihren Papa. Auf Bora Bora, oder bei Ronny in Eggesin, wer weiß das schon."[11]

Wer das weiß? Derzeit noch niemand – aber die Nachforschungen sind in vollem Gange. Allen voran die „Michael Jackson Death Hoax Investigators", die sich auf der Webseite *michaeljacksonhoaxforum.com*[12] austauschen. Was immer auch genau passiert ist, eins steht für die Wahrheitsjäger schon jetzt fest: „Michael Jackson is not dead, he's alive. And he will come back. Soon he will be in the spot light again."

Hoffnungsvoll stimmen diesbezüglich die zahllosen Sichtungen des Idols überall auf der Welt. Ein anonymer Schreiber mit dem Kürzel „K.C." meldet auf *michaeljacksonsightings.com*[13], Jackson auf dem Flughafen von Manchester gesehen zu haben, wo er in einer Zeitung aufmerksam die Berichte über seinen Tod studierte, während er auf einen Flug nach Dubai wartete.

Etwa um die gleiche Zeit lief er dem User „F.S." in einer Flughafentoilette in Las Vegas über den Weg. Ein gewisser „J.B." berichtet sogar von mehreren Begegnungen auf dem kleinen Flughafen von Queenstown im Süden Neuseelands. Aber vielleicht reist Michael Jackson auch mit dem Boot, wie „D.S." aus einem Internet-Café in Port Saeed in Dubai schreibt, der den King of Pop zusammen mit einer Frau und zwei Bodyguards von einem kleinen Lotsenboot in ein Taxi umsteigen gesehen haben will.[14]

Mit solchen Geschichten, bekennt ein Autor des Online-Magazins *PromiPranger*[15] freimütig, „lässt es sich einfach viel besser leben, denn der vermeintlich wahre Tod von Michael Jackson ist mir viel zu tragisch".

Apropos tragisch: Wie geht es eigentlich einem weiteren prominenten Frühverstorbenen, nämlich James Douglas (Jim) Morrison? Bestens natürlich.

Der Tastenmann des ehemaligen „Doors"-Sängers, Ray Manzarek, vermutet Morrison auf den Seychellen. Immer schon habe der exzentrische Künstler mit Prospekten des Urlaubsparadieses gewedelt und ein vorgetäuschtes Ableben erwogen, plauderte Manzarek zum 65. Geburtstag Morrisons im Jahr 2008 aus. Derweil am anderen Ende der Welt ein dicker, weißbärtiger Eremit, der sich möglicherweise James Douglas oder Douglas James nennt, feierte. Unter Sonne und Palmen. Nur das Trinken hatte er zu diesem Zeitpunkt schon vor 37 Jahren aufgegeben.[16] Und zwar genau am 3. Juli 1971, dem Tag, da er angeblich in einer Pariser Badewanne starb.

Der Filmemacher Gerald Pitts dagegen will wissen, dass der charismatische Rocksänger heute im südlichen Oregon Araberpferde züchtet und seine Zeit unter anderem damit verbringt, die Tiere zu malen.[17] Mehrmals wurde Morrison in den letzten Jahren auch – ganz in schwarzes Leder gekleidet – in diversen Nachtclubs von Los Angeles gesehen.

Aber was heißt das schon? Auch Paul McCartney wird regelmäßig in London oder sogar in aktuellen Fernsehsendungen gesehen – obwohl er schon lange tot ist.

Präzise seit 1966. Wieso konnte der Ex-Beatle dann im Dezember 2009 einige Konzerte in Deutschland geben? Ganz einfach: Der Mann war ein Doppelgänger, der nach Pauls Ableben eingesprungen ist. Dessen wirklicher Name: William Campbell, Gewinner eines Paul-McCartney-Ähnlichkeits-Wettbewerbs im Jahr 1967.

Unglaublich? Nicht doch.

Eine eingeschworene Beatles-Fangemeinde ist fest davon

überzeugt, dass Paul McCartney am 9. oder 10. November 1966 nach einem Streit mit den übrigen Bandmitgliedern aus den Londoner Abbey-Road-Studios stürmte, in sein Auto sprang, mit überhöhter Geschwindigkeit davonbrauste und tödlich verunglückte.

Manager Brian Epstein gelang es, die Tragödie zu vertuschen und mit Campbell als Double die Fassade der erfolgreichen Supergruppe aufrechtzuerhalten. Die drei verbliebenen Beatles bewahrten Stillschweigen. Aber um das Geschehene seelisch zu verarbeiten, versahen sie zahlreiche Songs, Texte und Cover mit verschlüsselten Hinweisen.

Nämlich: An einem Mittwochmorgen um fünf Uhr („Wednesday morning at five o'clock when the day begins" aus *She's leaving home*) übersieht Paul McCartney eine Ampelphase („He didn't notice that the lights had changed" aus *A day in the life*), weil er durch eine vorbeigehende Frau abgelenkt ist („When I caught a glimpse of Rita" aus *Lovely Rita*).

Ihm ist nicht mehr zu helfen („Nothing to do to save his life" aus *Good morning, good morning*), er stirbt noch im Wagen („He blew his mind out in a car" aus *A day in the life*). Schnell bildet sich eine Menschenmenge („A crowd of people stood and stared, they'd seen his face before" aus *A day in the life*). Ein Zeitungsartikel wird geschrieben, die Zeitung jedoch zurückgehalten („Wednesday morning papers didn't come" aus *Lady Madonna*).

Absolut eindeutig: das Cover des Albums „Abbey Road", das 1969 als letztes „Beatles"-Album erschien. Die vier Männer, die über einen Zebrastreifen gehen, stellen ganz klar eine Beerdigungsprozession dar. Lennon in Weiß ist der Priester, Starr in Schwarz symbolisiert die Trauergemeinde, Harrison in Arbeitskleidung den Totengräber. McCartney (oder Campbell oder wer auch immer) geht als Einziger barfuß und nicht im Gleichschritt mit den anderen – er ist der Tote.

Obwohl Paul Linkshänder war, hält dieser Mann seine Zigarette in der rechten Hand. Auf dem Nummernschild des Käfers im Hintergrund steht „LMW 28 IF". Entschlüsselt: „Linda

McCartney weeps (oder auch: widow)". Das „28 IF" soll bedeuten: Würde Paul zu diesem Zeitpunkt noch leben, wäre er 28. (Zugegebenermaßen lautet die Nummer korrekt gelesen nicht 28 IF sondern 281 F, und überdies wäre Paul erst 27.)

Auf ungezählten Internetseiten werden Beatles-Cover und -Songs auf Hinweise abgeklopft und einschlägige Textstellen mit Hörbeispielen verlinkt. Die Anzahl der Indizien („clues" genannt) soll bei weit über 230 liegen.

Macht es Sinn, hier ein wenig Vernunft und Rationalität walten zu lassen? Vermutlich nicht, denn jeder, der eine Verschwörung leugnet, setzt sich damit automatisch dem Verdacht aus, selbst zu den Konspirateuren zu gehören. Nehmen wir dies einmal billigend in Kauf.

Also: Das Gerücht, Paul McCartney sei 1966 bei einem Autounfall ums Leben gekommen und 1967 durch einen Doppelgänger ersetzt worden, verbreitete sich 1969. Russell Gibb, Moderator der Radiostation WKNR-FM in Detroit, erhielt am 12. Oktober während einer Livesendung einen Anruf. Ein gewisser Tom erzählte von seiner Befürchtung, Paul McCartney sei gestorben. Der Anrufer forderte Gibb auf, das „White Album" aufzulegen und den Song „Revolution #9" rückwärts abzuspielen. Zu hören war etwas, das so ähnlich wie „Turn me on, dead man" klang.

Kurz darauf kam ein in der Nähe der WKNR-Studios lebender Zuhörer in den Aufnahmeraum, der behauptete, den tatsächlichen Beweis für Pauls Ableben zu haben. Konkret ging es um die letzte Passage von „Strawberry Fields Forever", wieder rückwärts gespielt. Gibb tat ihm den Gefallen – und viele Hörer waren überzeugt, am Ende des Stücks John Lennons Worte „I buried Paul" zu vernehmen.

Tatsächlich allerdings sagt John Lennon „Cranberry Sauce". Und der „Paul-is-dead"-Hoax entstand schon einen Monat früher. Tim Harper, Redakteur der Studentenzeitung *Times-Dephic* der Drake University (Iowa), veröffentlichte die Mutmaßung als Erster, und zwar in der Ausgabe vom 17. September 1969. Harpers Quelle war der Student Dartanyan Brown, der in einer häufig von Musikern frequentierten Pension wohnte und deren Storys und Gerüchte aufnahm und weitererzählte.

Harpers Zeitungsartikel über Browns Phantasiegeschichte inspirierte den Rundfunkmoderator Russ Gibb zu besagtem Joke mit „Revolution #9", den er mit einem Kumpel namens Headly Westerfield inszenierte. Und alle vier – Brown, Harper, Gibb und Westerfield – registrierten bass erstaunt, dass überregionale Medien ihren kleinen Fake aufgriffen und immer weiter pushten – bis hin zu renommierten Zeitschriften wie *Rolling Stone* oder *Life*.

Totgesagte leben manchmal eben doch länger.

Hoffen wir, dass dies auch für Teenie-Star Miley Cyrus, Britney Spears, Eminem, Taylor Lautner („Twilight"), Tom Cruise, Johnny Depp, Robbie Williams und Sarah Jessica Parker gilt. Sie alle und zahlreiche weitere Promis aus der Film- und/oder Musikbranche sollen bei Verkehrsunfällen, Drogenexzessen oder anderen Tragödien ums Leben gekommen sein, rumort es unablässig durchs Internet.[18]

Was soll das? Vermuten wir dahinter mal wohlwollend eine Form von Protest – eine unregulierte Selbstverteidigung gegen das multimediale Dauerfeuer, mit dem uns Stars und Sternchen über TV, Radio, Kino, Internet, Zeitschriften, Commercials und Comics angedient werden.

Anscheinend ändern sich die Zeiten. Nicht mehr die Stars suchen das Weite vor ihren Fans – sondern die Fans entledigen sich der Stars. Und deshalb lassen wir jetzt, zum Ende dieses Buches, auch Elvis sterben. Und fragen jemanden, der sich mit so was auskennt: den Tod. Oder wenigstens jene schwarz vermummte Gestalt mit der großen Sense in der Hand, die sich in der Al-Bundy-Episode „Ein Mörder-Publikum" als der Tod persönlich vorstellt und das Oberhaupt der „Schrecklich netten Familie" mitnehmen will.

Es entspinnt sich folgender Dialog zwischen Al und dem Schnitter:

Der Tod: „Das wusste ich. Noch so ein Winsler, der grün im Gesicht wird angesichts der ewigen Dunkelheit … So viel Ärger hatte ich nicht mal mit Elvis."

Al Bundy: „Ist Elvis wirklich …?"

Der Tod: „Also bitte! Zu sechst mussten wir ihn da rauszerren. Und dazu mussten wir sogar die Badezimmertür aushängen. Auf Pillen sind wir dort überall ausgerutscht. Du würdest jetzt nicht mal seine Briefmarke ablecken, wenn du das gesehen hättest."

Oder geben wir das allerletzte Wort dem Pathologen, der die Obduktion des King in den biowissenschaftlichen Laboratorien in Van Nuys, Kalifornien, vornahm:[19] „Wenn er nicht tot war, bevor ich die Autopsie gemacht habe, dann sicher hinterher."

Anmerkungen

[1] www.honorelvis.com/sightings.htm

[2] www.elvissightingbulletinboard.com/SightingLog.shtml (Nr. 803)

[3] http://www.elvissightingbulletinboard.com/SightingLog.shtml (Nr. 802)

[4] Akten X, *GQ* Nr. 3/1998

[5] Elvis lebt, *Süddeutsche Zeitung* vom 29. August 2007

[6] http://elvislives.info/

[7] Elvis lebt, *Süddeutsche Zeitung* vom 29. August 2007

[8] www.bild.de/BILD/unterhaltung/topics/elvis-presley/king-of-rock-n-roll-elvis-presley/10-beweise-dass-er-noch-lebt.html

[9] Maiwald, S. (2000): Mysteriöse Todesfälle. Knaur, München

[10] Am 25. Juni 2009

[11] „Michael Jackson lebt", *stern.de* am 5. Juli 2009

[12] www.michaeljacksonhoaxforum.com/

[13] www.michaeljacksonsightings.com/

[14] Der König ist tot – lebt der König?, *Spiegel-Online* am 9. Juli 2009

[15] http://promipranger.joinr.de/21226-michael-jackson-lebt-noch-verschwoerungstheorie-macht-sinn

[16] Jim Morrison lebt doch noch, *Welt-Online* am 9. Juli 2008

[17] www.fan-lexikon.de/musik/news/filmemacher-behauptet-jim-morrison-lebt.11771.html

[18] Vgl. z. B. www.pamil-visions.net/celebrities-better-off-dead/24301/ oder www.mycyberradio.com/de/news/musiknews/2009-12-18-robbie_williams__die_todesger.html oder www.promicabana.de/johnny-depp-tot-autounfall-falschmeldung-netz/

[19] Zit. nach www.csicop.org/sb/show/elvis_lives_investigating_the_legends_and_phenomena/